Pierre Merle

La démocratisation de l'enseignement

Éditions La Découverte
9 *bis*, rue Abel-Hovelacque
75013 Paris

DU MÊME AUTEUR

La Compétence en question. École, insertion, travail (dir.), Rennes, Presses universitaires de Rennes, 1993.

La Citoyenneté aujourd'hui : extension ou régression ? (dir. avec F. Vatin), Rennes, Presses universitaires de Rennes, 1995.

L'Évaluation des élèves. Enquête sur le jugement professoral, Paris, Presses universitaires de France, 1996.

La Citoyenneté étudiante. Intégration, participation, mobilisation, Paris, Presses universitaires de France (avec C. Le Bart), 1997.

Sociologie de l'évaluation scolaire, Paris, Presses universitaires de France, 1998.

Nouvelles Dimensions de la précarité, Rennes, Presses universitaires de Rennes (dir. en collaboration), 2001.

Catalogage Électre-Bibliographie

MERLE, Pierre

La démocratisation de l'enseignement. — Paris : La Découverte, 2002. — (Repères ; 345)

ISBN 2-7071-3827-4

Rameau :	démocratisation de l'enseignement : France : 1970-2000
	inégalité sociale : France : 1970-2000
	discrimination en éducation : France: 1970-2000
Dewey :	370.1 : Éducation. Généralités. Principes. Théories. Histoire générale
Public concerné :	Public motivé. Niveau universitaire

Introduction

Il est souvent question de « démocratisation de l'enseignement » sans que l'expression soit clairement définie. Il faut distinguer deux significations bien différentes.

La première évoque un phénomène de diffusion de l'instruction jalonné, tout au long de l'histoire de l'école, par des controverses passionnées et des affrontements persistants. Ce phénomène de diffusion est indissociable de grandes périodes politiques : la fin de l'Ancien Régime, la Révolution, la monarchie de Juillet, les IIIe et Ve Républiques. Autant d'époques façonnées par des conceptions particulières du monde qui ne pouvaient déboucher que sur des modalités singulières de scolarisation. L'analyse historique permet de répondre à quelques interrogations essentielles : quelles sont les modalités de diffusion de l'instruction en France ? Comment expliquer l'organisation de l'institution scolaire de ce début du XXIe siècle ? Quels sont les changements et les permanences ?

La seconde signification de l'expression renvoie à une tout autre idée, celle de l'égalisation des chances scolaires. Dans cette perspective, la démocratisation de l'école est acquise si l'accès aux études est de moins en moins dépendant de variables telles que le milieu social, le sexe, l'origine nationale ou géographique.

Cette seconde signification du terme démocratisation est radicalement différente de la précédente. Ainsi, en France, la diffusion de l'accès au bac est incontestable : le taux de bacheliers par génération passe de 5 % en 1950 à plus de 60 % à la fin du

XXe siècle. Pour autant, l'accès à l'enseignement supérieur demeure très différent selon l'origine sociale, et l'entrée aux grandes écoles est, sur la même période, restée quasiment inaccessible aux enfants d'origine populaire. De même que la société française n'est pas aujourd'hui considérée comme plus démocratique qu'en 1950 parce que le taux d'équipement des ménages en réfrigérateur est désormais proche de 100 %, l'élargissement de l'accès au bac n'est pas davantage un indicateur pertinent de la réduction des inégalités devant l'école.

Autrement dit, des démocratisations partielles, limitées à l'accès plus fréquent à la classe de seconde ou de terminale, ne préjugent en rien de la démocratisation des niveaux d'études plus élevés où se concentrent les inégalités sociales les plus fortes. La clarté des débats gagne donc à distinguer les phénomènes de diffusion et de démocratisation afin d'éviter des amalgames trop fréquents. Si ces deux phénomènes sont distincts, ils ne peuvent pas, toutefois, être traités séparément car ils entretiennent entre eux des liens fonctionnels : la connaissance du phénomène de diffusion est un préalable à la mesure de la démocratisation.

La distinction entre diffusion et démocratisation est d'autant plus nécessaire que, lorsque la durée de la scolarisation s'allonge et que les diplômes sont plus nombreux, le risque grandit de comparer des situations scolaires qui ne sont en rien comparables, par exemple être bachelier en 1950, en 1985, ou en 2002. De surcroît, en France, le débat sur la démocratisation de l'enseignement est fortement marqué par l'idéal républicain de l'égalité des chances scolaires. Ce legs de l'histoire a orienté sensiblement les politiques éducatives mises en œuvre tout au long du XXe siècle et les attentes d'égalité à l'égard du système d'enseignement. L'écart entre le projet politique et social porté par l'institution scolaire et la réalité objective du système d'enseignement est d'autant plus difficile à saisir et à mesurer que cet écart est susceptible d'être contraire aux espoirs sociaux placés dans l'école.

La façon dont l'idéologie politique imprègne les analyses du système éducatif ressort des termes utilisés pour désigner les transformations survenues au cours des années cinquante-deux mille. Alors que les analyses en termes de « reproduction »

[Bourdieu et Passeron, 1964, 1970]* et d'« inégalité des chances » [Boudon, 1973] sont très présentes dans les années soixante-dix, ces termes disparaissent progressivement au profit d'analyses en termes de démocratisation dite quantitative, qualitative, uniforme… Ces changements de termes sont *a priori* étonnants : l'allongement considérable de la scolarisation au cours des vingt dernières années du XXe siècle a exercé des effets incertains et controversés sur les inégalités scolaires.

Quel lien existe-t-il entre la démocratisation de l'enseignement et la diffusion de l'instruction ? Comment les inégalités entre les sexes ont-elles évolué ? Les inégalités se sont-elles réduites entre les élèves les plus scolarisés et les moins scolarisés ? Ou bien, au contraire, ont-elles augmenté ? Quelles sont les catégories sociales qui ont le plus profité de l'allongement de la scolarité ? Les réponses à ces questions éclairent le fonctionnement de l'institution éducative et, plus largement, celui de la société française.

---

* Les références entre crochets renvoient à la bibliographie en fin d'ouvrage.

I / De l'Ancien Régime à Guizot

Dans l'étude de la diffusion de l'instruction, le XVIIIe est un siècle charnière. Au cours des dernières décennies de l'Ancien Régime et de la période révolutionnaire, l'instruction des populations va sortir de l'ombre et devenir une question politique de premier plan. Elle conservera cette place au cours des siècles suivants.

1. Minorité cultivée et *vulgum pecus*

Collèges et universités sous l'Ancien Régime

Entre l'école du XVIIIe et celle du début du XXIe siècle, le fossé est immense. Il faut prendre conscience, comme l'indique Dominique Julia [1987], de « l'extraordinaire diversité des situations scolaires de l'Ancien Régime : dans chaque province, la répartition entre séculiers et congrégations, grands et petits collèges, collèges entièrement "municipaux" (nombreux dans la France méridionale) et établissements contrôlés par une autorité ecclésiastique [...] est différente ». À la veille de la Révolution, la situation des collèges qui réunissent, dans un même établissement, le collège et le lycée d'aujourd'hui, est emblématique de cette diversité. Sur les 562 collèges, 178 sont sous l'autorité des congrégations (jésuites, oratoriens, doctrinaires), 384 sous celle de particuliers et des facultés. La majorité des collèges, et surtout les petits, ne disposent pas d'un cursus complet : 180 n'offrent que deux ou trois années de scolarité et, dans plus d'un tiers d'entre eux, les deux dernières années de philosophie sont absentes. L'ensemble est fort disparate aussi quant aux effectifs scolarisés : les petits établissements accueillent parfois quelques dizaines d'élèves dans les villes de province alors que, dans les plus grandes villes, les « grands collèges », scolarisent deux à trois mille élèves. Le collège Louis-Le-Grand, un des plus réputés de l'époque, est dans cette situation.

L'effectif des élèves inscrits globalement dans les collèges au cours du XVIIIe siècle est mal connu. Les estimations sont imprécises, oscillant autour de 50 000 élèves [Chartier *et al.*, 1976 ; Lebrun *et al.*, 1981]. Cette population de collégiens est jugée approximativement stable au cours du XVIIIe, plutôt en hausse au cours des vingt-cinq dernières années de l'Ancien Régime, avant de connaître une chute sensible pendant la Révolution [Julia, 1987].

Les effectifs scolarisés connaissent des fluctuations à court terme selon la prospérité économique. La concurrence des petits collèges, dont le réseau s'intensifie quelque peu à la fin du siècle, affaiblit la situation des « grands collèges » qui ne sont pas épargnés par ces fluctuations des effectifs. Ainsi, le collège jésuite de Rennes passe de 3 000 élèves en 1662 à moins de 500 à la fin de l'Ancien Régime. Il en est de même de celui de Rouen [Lebrun *et al.*, 1981]. Le renvoi des jésuites, voté par le Parlement de Paris en 1762, explique aussi, d'une façon sensible, ces évolutions.

La situation des universités n'est pas sans analogie avec celle des collèges. Leur implantation ne connaît, entre 1650 et 1789, que des modifications limitées. En un siècle et demi, Strasbourg, Pau et Dijon deviennent des villes universitaires, Cahors perd la sienne, rattachée à celle de Toulouse. Quelques transferts ont également lieu. Ainsi, la faculté de droit de Nantes passe à Rennes en 1735. L'effectif des étudiants connaît la même instabilité que celle constatée pour les collèges. De nouveau, chaque crise de subsistance provoque une chute du nombre d'étudiants. Comme pour les collèges, mais de façon encore plus nette, les inégalités géographiques sont fortes. L'université de Paris inscrit 600 étudiants en moyenne au cours du XVIIIe siècle. Loin derrière, Avignon, Rennes et Caen accueillent entre 150 et 200 étudiants, Nancy, Dijon, Angers entre 70 et 150 étudiants à la fin de l'Ancien Régime. Le nombre d'étudiants est limité à quelques milliers alors que la population française dépasse les vingt-cinq millions d'habitants à la veille de la Révolution. L'accès au collège et à l'université ne concerne donc qu'une infime minorité de jeunes gens.

Les écoles primaires : un ensemble disparate

Pour rendre compte de l'enseignement des premiers rudiments de l'instruction dans la France de l'Ancien Régime, la difficulté principale tient à l'absence de données statistiques nationales. Le comptage nécessite une certaine unification des pratiques scolaires, or celles-ci sont des plus protéiformes. Schématiquement, trois types d'enseignement coexistent.

L'enseignement des maîtres privés est payant et donne lieu à des « tarifs » variant notamment selon la discipline enseignée, l'intensité du travail et le niveau d'enseignement. Un maître privé peut ouvrir deux classes, une « petite » pour la « pauvre jeunesse », une « grande », pour la bourgeoisie, et les tarifs sont différents [Lebrun *et al.*, 1981]. Normalement soumis à l'accord de l'évêque, cet enseignement à but lucratif se déroule soit au domicile de la clientèle, soit chez le maître. Si elles sont ouvertes sans autorisation, ces « écoles buissonnières » courent le risque d'une fermeture par les autorités religieuses qui défendent leur monopole. Leur nombre, par définition difficile à connaître en raison de leur précarité et de leur quasi-clandestinité, varie notamment selon la demande des familles et les aléas de la conjoncture économique.

Une grande part de l'enseignement primaire est assurée, tout particulièrement dans le nord de la France, par les autorités religieuses dans le cadre des écoles paroissiales. La rémunération des maîtres, généralement des clercs, incombe parfois aux paroissiens et pour l'essentiel aux familles des écoliers qui paient une « rétribution scolaire ». L'effort d'instruction de l'Église est aussi largement prolongé par l'action des congrégations religieuses et des fondations laïques nées à l'époque de la Réforme. Le marché de la scolarisation est donc particulièrement diversifié, comme en témoignent les tarifs des pensions d'autant plus élevés, en moyenne, que la ville est importante et l'établissement prestigieux [Julia, 1987]. Pour les garçons, les montants des pensions dans les écoles militaires, réservées aux élites, représentent sous la Révolution plus du double du salaire d'un ouvrier moyen. Pour les filles, les abbayes de Port-Royal, la maison des bénédictines et celle des ursulines n'accueillent que les enfants de grandes familles. Le coût mensuel de la pension est du même ordre [Sonnet, 1987].

L'Église ne néglige pas pour autant les catégories sociales populaires. Les « écoles de charité », gratuites, reçoivent les enfants des travailleurs pauvres. Les frères des écoles chrétiennes, pièce maîtresse de l'enseignement primaire, constituent à la veille de la Révolution un réseau particulièrement dense scolarisant plusieurs dizaines de milliers d'élèves. Cependant, les enfants des plus pauvres, sans travail ou activité régulière, vagabonds et saltimbanques, ne sont pas scolarisés.

Au sud de la France, l'enseignement religieux, notamment celui des frères des écoles chrétiennes, est concurrencé par les écoles communales. Les conseils communaux délibèrent chaque année le montant du « bail des écoles » à verser au maître. Il existe une sorte de budget scolaire. De nouveau, les efforts de scolarisation et l'accès effectif à l'enseignement varient selon la conjoncture.

Cette organisation complexe, disparate et instable de l'enseignement primaire a sans aucun doute permis une première forme de développement de l'accès aux savoirs. Elle repose de façon centrale sur le clergé qui constitue, à l'époque, une population particulièrement instruite et offre une possibilité de promotion sociale.

2. L'alphabétisation et l'esprit des lumières

Les progrès de l'alphabétisation au XVIIIe siècle

Au début de la IIIe République, le recteur Maggiolo (1880) entreprend une grande enquête rétrospective fondée sur le pourcentage des individus hommes et femmes signataires de leur acte de mariage. Les instituteurs chargés de l'enquête ont effectué des relevés dans les registres paroissiaux pour quatre périodes quinquennales : 1686-1690, 1786-1790, 1812-1816,

1872-1876. Les résultats des trois premières investigations ont été publiés, en 1880, dans la *Statistique de l'enseignement primaire*. L'enquête livre des données essentielles sur l'alphabétisation : 21 % des Français signent leur acte de mariage à la fin du XVIIe siècle, 37 % un siècle plus tard.

L'enquête de Maggiolo soulève évidemment un problème central d'interprétation, toujours d'actualité au début du XXIe siècle : comment définir l'analphabétisme ? La proportion des signataires de leur acte de mariage constitue un indicateur discutable : la signature apposée au bas d'un parchemin ne prouve ni la maîtrise de l'écriture, ni celle de la lecture. Plutôt que de saisir les progrès de l'alphabétisation, Maggiolo est plus sûrement parvenu à connaître la proportion de Français totalement illettrés, ceux qui ne parvenaient pas à signer leur acte de mariage. Elle s'élève à près de 80 % à la fin du XVIIe siècle et demeure supérieure à 60 % un siècle plus tard. Ces estimations sont approximatives : toute la population n'accède pas au mariage, notamment les plus pauvres ; douze départements ne sont pas inclus dans la statistique de Maggiolo ; les instituteurs de la France rurale ont plus répondu que ceux des villes ; les taux de réponse des départements sont dispersés... Quelles que soient ses imperfections, l'enquête a le grand mérite de montrer à la fois l'importance considérable de l'illettrisme au XVIIIe siècle et les progrès non négligeables réalisés avant la Révolution.

Les inégalités d'accès à l'instruction

Appréhendée globalement, la croissance de l'alphabétisation occulte une extraordinaire variété de situations. Pour cette raison, les chiffres globaux de l'enquête de Maggiolo doivent être détaillés.

La connaissance du sexe des signataires indique une première forme d'inégalité. L'alphabétisation féminine, définie en l'occurrence par la capacité à signer, est certes croissante au cours du XVIIIe siècle – elle passe de 14 % à 27 % – mais elle reste toujours bien inférieure à celle des hommes qui connaît une croissance également soutenue, de 29 % à 47 %. Si, au XVIIIe siècle, scolarisation et alphabétisation ne doivent pas être confondus [Furet et Ozouf, 1977], le lien entre les deux phénomènes est aussi incontestable : la sous-scolarisation des filles produit des conséquences objectives et significatives, et montre aussi que le fait de savoir signer est une compétence généralement acquise par la fréquentation d'une petite école.

La seconde inégalité mise au jour par Maggiolo est tout aussi classique. Pour accéder à un début d'instruction, mieux vaut être né au nord et à l'est de la France. Au nord d'une ligne Saint-Malo-Genève, seuls trois départements sont en dessous de la moyenne nationale avec moins de 20 % de signataires. Au sud, seuls quatre départements dépassent ce niveau. Comment expliquer une telle différence ?

Les différences de réseaux de scolarisation constituent une première raison : à la veille de la Révolution, dans la France du Nord, 90 % des paroisses possèdent une école alors que ce pourcentage n'est que de 50 % dans les régions méridionales. Une seconde tient à la nature du peuplement : la dispersion de l'habitat, plus fréquente dans les régions du Sud, freine la fréquentation en éloignant, de fait, l'école du domicile dans un pays où les moyens de communication sont fortement limités. Éloignement et faible densité scolaire conjuguent leurs effets.

Les progrès de l'alphabétisation sont également liés à la cartographie linguistique. Dans les régions où les patois et les langues régionales sont fortement implantés, l'alphabétisation est ralentie. La concurrence religieuse, avec les progrès du protestantisme, a aussi favorisé certaines régions plus que d'autres. Les frères des écoles chrétiennes, par exemple, se sont fortement implantés dans le Sud-Est afin de lutter contre le développement de la Réforme. La conjugaison de ces différents facteurs explique que des régions telles que la Bretagne, le Centre-Est et le Sud-Ouest se singularisent par un retard considérable d'alphabétisation.

Enfin, la troisième inégalité, majeure, n'est pas livrée directement par l'enquête de Maggiolo. Les différences d'alphabétisation entre les villes et les campagnes, les régions du Nord et celles du Sud sont liées au statut social et à la prospérité économique. Dans une France essentiellement agricole, seule la moyenne paysannerie de propriétaires et de fermiers peut accéder à l'instruction. La paysannerie pauvre en est largement exclue. En ville, une hiérarchie sociale de même ordre détermine l'accès à l'école : les manœuvres ne disposent pas des revenus qui autorisent la fréquentation d'une école primaire si celle-ci n'est pas gratuite. Les compagnons, plus à l'aise financièrement, peuvent espérer scolariser un ou plusieurs enfants si l'activité économique est soutenue et leur apporte des revenus suffisants.

La fréquentation des collèges auxquels accède une petite minorité des élèves est également marquée par le statut social. Certes, la scolarité est gratuite dans une partie des externats des collèges, mais l'internat est payant et la majorité des élèves y a recours tant les distances sont longues à parcourir et les collèges peu nombreux, souvent moins de cinq, voire encore moins, dans les régions peu scolarisées. Enfin, une telle scolarité doit être guidée par un projet social d'instruction. Pourquoi s'instruire dans une France massivement agricole et marquée par l'immobilité des statuts sociaux ?

Ces obstacles géographique, économique et culturel limitent l'accès au collège à des franges très réduites de la population, socialement très différenciées selon la localisation des établissements. Les collèges situés dans les petites villes accueillent des fils de paysans aisés et du monde de la boutique, artisans et marchands, alors que les collèges des grandes villes sont fréquentés essentiellement par les fils, voire les filles de la noblesse, de la bourgeoisie et du monde des offices, c'est-à-dire les titulaires d'une charge publique de justice et de finances [Frijhoff et Julia, 1975]. Cette population particulière accède de façon privilégiée aux universités et notamment aux études de droit. Le XVIIIe siècle est donc marqué par une très forte inégalité d'accès aux études selon le statut social.

L'esprit des lumières : un refus du savoir pour tous ?

Le siècle des lumières n'est guère favorable au développement de la scolarisation du peuple. Traditionnellement, l'éducation est conçue comme l'affaire des parents. L'Église a toutefois à cœur de promouvoir les objectifs qui sont les siens, l'évangélisation et la moralisation des populations. L'aide aux plus démunis, au fondement de l'enseignement gratuit poursuit explicitement ces objectifs. Le souci d'instruire passe après le projet d'éduquer, de contrôler, voire d'enrôler la jeunesse. Ainsi, en 1762, l'assemblée des évêques déclare que l'objet le plus intéressant de l'éducation est de « former à la religion et à la vertu. Sans cela les lumières mêmes deviennent dangereuses » [cité par Gontard, 1959]. À quelques exceptions près, cette conception de l'école, centrée davantage sur l'apprentissage des rôles et interdits sociaux que sur la maîtrise de la lecture et du calcul, est dominante autant parmi les élites économiques et politiques que chez les encyclopédistes. On ne peut comprendre l'histoire de l'école, celle de l'organisation disparate des enseignements et du lent développement de l'instruction des populations au cours du XVIIIe siècle, sans connaître cette histoire des idées.

Dans l'Ancien Régime, contrairement aux discours de la seconde moitié du XXe siècle, l'instruction est souvent perçue avec crainte ou jugée inutile. Ainsi, Richelieu [cité par Lebrun *et al.*, 1981] propose de ne maintenir que les grands collèges et de réduire les autres à quelques classes « suffisantes pour tirer la jeunesse d'une ignorance grossière ». Il est animé par des raisons qui tiennent au maintien de l'ordre social : « Si les lettres étaient profanées à toutes sortes d'esprits, on verrait plus de gens capables de former des doutes que de les résoudre, et beaucoup seraient plus prompts à s'opposer aux vérités qu'à les défendre. » À cette première raison s'ajoute l'idée d'une concurrence entre l'instruction et la production des richesses : « Le commerce des lettres bannirait absolument celui de la marchandise qui comble les États de richesses, ruinerait l'agriculture, vraie mère nourricière des peuples. »

Le faible prestige de l'instruction participe largement à la quasi-stagnation de la scolarisation au cours du XVIIIe siècle. La réticence des communes à engager des dépenses se transforme parfois en hostilité ouverte. En 1728, le maire de Nantes fait part d'une considération des plus limitée envers l'université et ses maîtres. « C'est un grand abus que d'entretenir une semblable compagnie qui n'a pour but que de jouir de privilèges onéreux au public […]. Nous avons intérêt à purger cette ville des gens de chicane qui ne sont bons qu'à gâcher tout. Il est infiniment plus à propos de peupler la ville de Nantes de bons bourgeois et négociants […] au lieu des gens de l'université » [cité par Lebrun, Venard et Quéniart, 1981]. De nouveau, les préoccupations malthusiennes l'emportent.

Les encyclopédistes et gens de lettres ne tiennent généralement pas l'éducation populaire en plus grande estime. En 1763,

La Chalotais, dans son *Essai d'éducation nationale ou plan d'étude pour la jeunesse*, vante certes les vertus des peuples instruits, mais il redoute les conséquences de l'apprentissage de la lecture « à des gens qui n'eussent dû apprendre qu'à dessiner et à manier le rabot et la lime » [cité par Gréard, 1887]. Sur la question de l'instruction du peuple, Voltaire, dans ses *Correspondances*, défend une opinion similaire, emblématique de l'époque : « Il me paraît essentiel qu'il y ait des gueux ignorants. Si vous faisiez valoir comme moi une terre, et si vous aviez des charrues, vous seriez de mon avis ; ce n'est pas le manœuvre qu'il faut instruire, c'est le bon bourgeois, l'habitant des villes [...]. Ceux qui sont occupés à gagner leur vie n'ont pas le temps d'éclairer leur esprit ; il leur suffit de l'exemple de leurs supérieurs » [cité par Gontard, 1959]. En fait, l'aristocratie et les gens de lettres jugent l'instruction d'autant plus nécessaire pour eux-mêmes qu'ils l'estiment nuisible et dangereuse pour le bien de la nation.

Seuls quelques grands noms, tel Diderot, s'élèvent contre cette conception élitiste de l'instruction et comprennent son fondement politique : « Le grief de la noblesse [envers l'instruction populaire] se réduit peut-être à dire qu'un paysan qui sait lire est plus malaisé à opprimer qu'un autre » [cité par Compayre, 1887]. Les économistes tels Quesnay, Gournay, Turgot sont également favorables à la généralisation de l'instruction. Ils voient dans celle-ci le moyen d'améliorer les méthodes de travail, les rendements et, à terme, la fortune publique.

À la veille de la Révolution, ces analyses favorables à l'instruction populaire sont très minoritaires. Le projet d'une démocratisation de l'enseignement est largement étranger aux élites savantes, économiques et politiques. L'accès au savoir est généralement perçu comme une source potentielle de désordre social et d'appauvrissement économique.

3. La Révolution et l'école

L'époque révolutionnaire a été féconde en plans et projets de réformes de toutes sortes. Sur les questions scolaires, l'ambition et les problèmes soulevés étaient trop amples pour ne pas déboucher sur une certaine impuissance, d'autant que le temps des révolutionnaires était compté. De nombreux historiens de la période révolutionnaire ont dressé un constat analogue : « En trois ans (1792-1795), toutes les questions que le XIXe siècle devrait à son tour reprendre et tenter de résoudre ont été évoquées, discutées, clarifiées : liberté et monopole, gratuité, obligation, laïcité, rapports entre les degrés d'étude, accès aux degrés supérieurs [...] et par-dessus tout, esprit et destination du système pédagogique » [Hubert, 1949].

La Révolution et l'affirmation de la place de l'État

Dans son *Essai sur l'éducation nationale*, La Chalotais, bien avant la révolution politique, a posé la question essentielle de la place de l'État : « Je prétends revendiquer pour la nation une éducation qui ne dépende que de l'État [...]. Les enfants de l'État doivent être élevés par des membres de l'État » [cité par Gréard, 1887]. Considérant que toute nation a un droit inaliénable et imprescriptible d'instruire ses membres, La Chalotais a largement inspiré la conception centralisatrice de l'instruction défendue ultérieurement par les révolutionnaires.

La prédominance de l'État ne signifie pas la fin des écoles religieuses. Si les révolutionnaires rejettent unanimement l'autorité tutélaire de l'Église, l'idée de la liberté d'enseignement est largement répandue : Talleyrand juge odieux un monopole public sur l'enseignement, Condorcet [1793] voit dans les écoles privées « le moyen de corriger les vices de l'instruction publique, de suppléer à son imperfection, de soutenir le zèle des maîtres par la concurrence ». Si le maintien d'une école religieuse s'imposera progressivement dans les pratiques et dans la loi, tout au long du XIXe siècle et au-delà, l'époque révolutionnaire a modifié de façon décisive la conception du rôle de l'État. En brisant le monopole clérical, en créant les écoles centrales et les écoles spéciales telles que l'École des Mines (1783), l'École normale supérieure (1794), l'École centrale des travaux publics, future École polytechnique (1795), ou le Conservatoire national des arts et métiers (1794), les révolutionnaires ont ouvert la voie aux élites dirigeantes de la Restauration et aux grandes lois scolaires de la IIIe République. Continuité étonnante de l'histoire, il est revenu à la monarchie de Juillet de mettre en œuvre une partie de cet héritage révolutionnaire.

Éducation ou instruction ?

L'autre grand débat révolutionnaire, en rapport direct avec l'élargissement de l'accès au savoir, concerne la finalité du système d'enseignement. Tout au long du siècle des lumières, les Églises, celles de la Réforme et de la Contre-réforme, poursuivent inlassablement un objectif pastoral et un projet de moralisation de la jeunesse. Tant que le projet éducatif prime sur le projet d'instruire, la scolarisation ne peut être que réduite aux premiers rudiments du savoir, ceux qui suffisent à l'enrôlement des jeunes élèves. Les révolutionnaires ont toujours été très critiques à l'égard de cet objectif d'inculcation et lui ont opposé l'idéal républicain tel qu'il a été formulé tout particulièrement par Condorcet [1793] : « Un peuple éclairé confie ses intérêts à des hommes instruits, mais un peuple ignorant devient nécessairement la dupe des fourbes qui, soit qu'ils le flattent, soit qu'ils l'oppriment, le rendent l'instrument de leurs projets, et la victime de leurs intérêts personnels. » L'originalité de l'époque est d'avoir pensé, beaucoup plus largement que par le passé, le projet d'instruire.

Afin de réduire l'emprise de l'Église, il faut diffuser une morale laïque. Le concours pour la rédaction de livres élémentaires décrété en l'an II a notamment cet objet. Il faut concurrencer l'Église sur son terrain pour conquérir l'espace politique et scolaire dégagé par le départ des jésuites décidé par le parlement de Paris en août 1762. Les projets de manuels jugés finalement dignes d'être imprimés sont exemplaires des préoccupations des élites révolutionnaires : *Le Catéchisme français ou Principes de la morale républicaine à l'usage des écoles primaires* relève clairement du projet éducatif ; *Moyens d'apprendre à compter sûrement et avec facilité*, ouvrage de Condorcet, manifeste le projet d'instruction.

Condorcet a particulièrement symbolisé ce projet d'instruire. Présenté en avril 1792, son rapport sur l'organisation générale de l'instruction en apporte maints exemples. Pour les écoles primaires, le rapport définit « ce qui est nécessaire à chaque individu pour se conduire lui-même et jouir de la plénitude de ses droits » [Condorcet, 1792]. Le plus haut niveau d'enseignement prévu par Condorcet a pour objet de « s'occuper du perfectionnement des sciences et des arts, pour recueillir, encourager, appliquer et répandre les découvertes utiles ». Le projet de Condorcet préfigure le positivisme de la fin du XIXe siècle et annonce explicitement l'objectif de démocratisation de l'accès aux savoirs.

Grandes ont été les ambitions, limitées ont été les réalisations concrètes. Les révolutionnaires ont lancé les grandes mutations scolaires du XIXe et notamment celles de la IIIe République, mais leur bilan concret est réduit. En 1813, moins d'un enfant sur quatre est scolarisé. Cette scolarisation est de surcroît très intermittente, souvent réduite à la pause hivernale. Dès Pâques, la terre réclame des bras et l'école perd ses jeunes écoliers. Les inégalités entre la France du Nord et celle du Sud sont toujours aussi criantes, et les écoles publiques toujours aussi peu nombreuses à la fin du XVIIIe siècle. L'« éducation nationale » prônée par La Chalotais est donc encore bien loin. Le principe de l'action de l'État est certes posé mais, faute de moyens financiers substantiels et d'une organisation réaliste et planifiée de l'enseignement, l'entreprise des révolutionnaires reste, pour l'essentiel, programmatique. Ce sera en grande partie l'œuvre du XIXe siècle de transformer le fouillis « grandiose » de la période révolutionnaire [Mayeur, 1981] en politique éducative.

4. La loi Guizot et la scolarisation primaire de masse

Entre la fin de la Révolution et la loi Guizot (1833), l'histoire scolaire n'est pas immobile. Tumultueuses et parfois contradictoires, à l'image de la vie politique de l'époque, les réformes scolaires suivent souvent la voie de la centralisation tracée par les révolutionnaires. En portent la marque la création des lycées en 1802, établissements d'État ; la création de l'Université impériale en 1806, ainsi que la naissance, en 1808, d'un corps professoral d'enseignement du second degré.

En 1833, le *Journal de l'instruction élémentaire* publie un long article sur l'organisation de l'enseignement [Lelièvre, 1990]. L'auteur oppose le « principe commercial » qui tend à « tout individualiser dans l'État » au « principe patriotique » qui impose, outre de considérer l'instruction populaire « comme une affaire d'État », de promouvoir un « service public d'enseignement ». L'idée n'est pas nouvelle : La Chalotais l'avait défendue dès 1763 et les révolutionnaires avaient tenté, sans guère de succès, de la mettre en œuvre. Le mérite de François Guizot, ministre de l'Instruction publique (1832-1836, 1836-1837) sous Louis-Philippe, est d'avoir grandement contribué à sa réalisation. En témoignent la loi du 28 juin 1833 qui porte son nom et les positions qu'il a défendues notamment dans « sa lettre aux instituteurs ».

La loi Guizot sur l'instruction primaire des garçons va faire obligation à toute commune, ou groupe de communes voisines, d'« entretenir au moins une école primaire élémentaire » (art. 9). Elle crée aussi des écoles primaires supérieures (*cf.* p. 22) pour les communes dont la population excède six mille âmes (art. 10). Enfin, chaque département est tenu d'entretenir une école normale primaire (art. 11) qui a pour mission de former les futurs instituteurs. Ces écoles normales ne disparaîtront que lors de la création des instituts universitaires de formation des maîtres décidée par la loi d'orientation du 14 juillet 1989.

François Guizot, dans sa lettre adressée aux instituteurs, le 18 juillet 1833, cherche par ailleurs à renforcer la légitimité de l'intervention de l'État et à conforter l'action des instituteurs : « Ce n'est pas pour les communes seulement et dans un intérêt purement local que la loi veut que tous les Français acquièrent, s'il est possible, les connaissances indispensables à la vie sociale [...], c'est aussi pour l'État et dans l'intérêt public ; c'est parce que la liberté n'est assurée et régulière que chez un peuple assez éclairé pour écouter en toutes circonstances la voix de la raison. L'instruction publique universelle est désormais une des garanties de l'ordre et de la stabilité sociale [...]. À chaque école communale un maître est promis. À chaque instituteur communal un traitement fixe est assuré ».

Guizot ne s'est pas contenté de légiférer et de fonder politiquement son action d'instruction populaire. Il fallait aussi connaître les réalités concrètes de l'école afin d'appréhender les obstacles à la généralisation de l'« instruction primaire universelle ». L'inspection extraordinaire des écoles décidée par Guizot en 1833 avait déjà permis de dresser un état de la misère et de l'efficacité réduite de l'enseignement élémentaire : 29 %

des communes ne disposaient pas d'école primaire, un instituteur sur deux ne recevait pas de traitement fixe, 43 % des écoles ne disposaient pas des livres et des objets nécessaires à l'enseignement. Enfin, plus de la moitié des écoles furent jugées médiocres ou mal dirigées par les inspecteurs. Ceux-ci soulignent unanimement la pauvreté, le dénuement, voire le sordide [Nique, 1990]. Pour contrôler et orienter l'action au niveau local, Guizot met progressivement en place, afin de ne pas heurter les députés libéraux de la Chambre, une inspection primaire d'État dont les missions sont arrêtées en 1836. L'action institutionnelle et politique de François Guizot a permis le développement de la scolarisation primaire de masse.

II / Les grandes lois scolaires de la IIIe République

1. De la gratuité du primaire à celle du secondaire

Ferry : l'école primaire gratuite et obligatoire

La gratuité totale de l'école, même pour les parents susceptibles de s'acquitter de la « rétribution scolaire », est une question débattue depuis longtemps, avant même la révolution [Gontard, 1959]. Beaucoup d'hommes politiques l'avaient souhaitée, aucun n'était cependant parvenu à la réaliser. Cette gratuité constitue un des grands projets scolaires de Jules Ferry. Encore fallait-il convaincre les parlementaires conservateurs. Le principe du paiement selon les facultés contributives des parents leur paraît en effet une nécessité budgétaire : la « rétribution scolaire », somme payée directement à l'instituteur par les parents, couvre en effet 20 % des dépenses d'instruction publique en 1880. Comment compenser une telle perte ? En 1850, lors de la discussion de la loi Falloux, du nom du ministre de l'Instruction publique, la gratuité avait déjà été envisagée et les auteurs de la loi l'avait rejetée pour le même motif : « Rendre l'enseignement primaire entièrement gratuit, ce n'est pas faire que personne ne le paie, c'est faire au contraire qu'il soit payé par tout le monde, c'est-à-dire par l'impôt, charge énorme » [Mayeur, 1981].

Pour faire avancer son projet, Jules Ferry argue de la nécessité de ne pas discriminer les populations scolaires : les élèves ne doivent pas être divisés en payants et non-payants, et l'accès à certains enseignements ne doit pas être fondé sur la

« rétribution ». En juin 1881, le vote de la gratuité de l'école primaire était au service d'une image sociale forte : une école ouverte à tous, de façon identique, sans différenciation des statuts sociaux.

Précision importante, la gratuité concerne à la fois l'enseignement primaire et le primaire supérieur fondé par Guizot en 1833 (*cf.* paragraphe ci-après). En revanche, tout l'enseignement destiné aux enfants de la bourgeoisie demeure payant. Il en est ainsi des classes de dixième, neuvième, huitième, septième, implantées dans les lycées et dénommées le « petit lycée », et de tout l'enseignement secondaire et supérieur. En fait, la gratuité ne concerne que les enseignements destinés aux enfants des couches populaires et moyennes.

Les débats suscités par J. Ferry lorsqu'il dépose son projet de loi sur l'obligation scolaire de 7 à 13 ans sont riches d'enseignements. L'opposition conservatrice objecte que cette obligation scolaire ne doit pas être légale mais seulement morale. Deux raisons sont principalement invoquées. D'une part, l'État ne peut pas se substituer à l'autorité paternelle : chaque « chef » de famille doit rester libre de donner à son enfant l'éducation qui lui semble nécessaire. D'autre part, la puissance publique n'a pas le droit de priver les parents indigents de l'aide que les jeunes enfants peuvent leur apporter dans les travaux des champs : il ne faut pas priver les pauvres d'une partie de leurs maigres ressources. Cette réserve des conservateurs à l'obligation scolaire se pare donc des sentiments les plus nobles...

Les réticences des conservateurs véhiculent en fait une représentation du monde fondée sur l'immobilité des positions et rôles sociaux. Dans les années 1830-1880, il est évident, pour ceux qui participent aux réflexions sur le fonctionnement de l'institution scolaire, que celle-ci doit, comme dans le passé, être organisée selon la structure de classe de la société. Or l'instauration de l'obligation scolaire contrevenait, pour partie, à cette représentation dans laquelle ouvriers, journaliers et autres mal lotis n'avaient besoin que d'une instruction des plus réduite étant donné leur statut et la stabilité « naturelle » des positions sociales.

Le projet de loi, une première fois ajourné en 1880, sera finalement voté en mars 1882. L'idée d'une telle obligation est loin d'être nouvelle. Duruy, ministre de l'Instruction publique sous

Jules Ferry (1832-1893)

Nommé préfet de la Seine puis maire de Paris après la déchéance de Napoléon III (septembre 1870), J. Ferry est député en 1871 et devient ministre de l'Instruction publique et des Beaux-Arts en février 1880. De 1880 à 1883, il occupe ces fonctions à trois reprises avant de devenir président du Conseil (1883-1885).

Fils d'une famille de la bourgeoisie lorraine et catholique, J. Ferry fait notamment des études de droit. Avocat et rédacteur au *Temps*, son histoire intellectuelle est très marquée par le positivisme qui imprègne la pensée de la seconde moitié du XIXe siècle. Homme politique de premier plan, son œuvre est attachée aux grandes lois scolaires de la IIIe République dont il fut un des principaux artisans, avec notamment Camille Sée, Paul Bert et René Goblet. Le discours tenu par J. Ferry à la salle Molière le 10 avril 1870 montre sa filiation avec la pensée révolutionnaire, tout particulièrement celle de Condorcet dont il s'est très largement inspiré.

Discours sur l'inégalité d'éducation (extrait)

« Le siècle dernier et le commencement de celui-ci ont anéanti les privilèges de la propriété, les privilèges et la distinction des classes ; l'œuvre de notre temps n'est pas assurément plus difficile [...]. C'est une œuvre pacifique, c'est une œuvre généreuse, et je la définis ainsi : faire disparaître la dernière, la plus redoutable des inégalités qui viennent de la naissance, l'inégalité d'éducation. C'est le problème du siècle et nous devons nous y rattacher. Et, quant à moi, lorsqu'il m'échut ce suprême honneur de représenter une portion de la population parisienne dans la Chambre des députés, je me suis fait un serment : entre toutes les nécessités du temps présent, entre tous les problèmes, j'en choisirai un auquel je consacrerai tout ce que j'ai d'intelligence, tout ce que j'ai d'âme, de cœur, de puissance physique et morale, c'est le problème de l'éducation du peuple » [Robiquet, 1893].

l'Empire, l'avait envisagée. Les révolutionnaires, malgré les réticences de Tayllerand et Mirabeau, avaient pris une mesure analogue par un décret de l'an II (19 décembre 1793) : « Les parents sont tenus d'envoyer leurs enfants dans les écoles du premier degré d'instruction. » De la période révolutionnaire à Jules Ferry, il aura fallu près d'un siècle pour que l'obligation scolaire s'impose comme une exigence sociale et démocratique.

L'enseignement primaire supérieur (EPS)

Créé par François Guizot en 1833, mis en sommeil suite à la loi Falloux de 1850 qui ne mentionne pas son existence, l'enseignement primaire supérieur (EPS) est refondé sous la IIIe République, en 1886, par René Goblet, ministre de l'Instruction publique. Cet EPS est constitué, au minimum, par une scolarité de trois ans supplémentaires après l'obtention du certificat d'études primaires. Il permet l'obtention du certificat d'études primaires supérieur (CEPS rebaptisé BEPS en 1917), du brevet élémentaire (diplôme exigé aux fonctions d'instituteur) et du brevet supérieur. Cet enseignement permet d'accéder, outre aux fonctions de maître d'école, aux situations professionnelles intermédiaires, notamment d'employé qualifié.

En 1886, l'idée qui préside à la relance de l'EPS est la même que celle à l'origine d'un enseignement secondaire spécial créé en 1865 par Duruy, ministre de l'Instruction publique sous l'Empire. Duruy concevait explicitement cet enseignement pour les « classes intermédiaires et le peuple » par opposition à l'enseignement secondaire réservé à « ceux qui ont le temps, peut-être l'aisance, même la fortune ». Entre une école primaire qui doit apporter une instruction minimum universelle à chaque Français et des études secondaires réservées à une étroite élite, un enseignement intermédiaire, destiné essentiellement aux enfants des classes moyennes, était considéré comme une nécessité économique et politique [Briand et Chapoulie, 1992].

La spécificité de l'organisation de l'institution scolaire de l'époque tient aux frontières strictes entre les études secondaires et l'enseignement primaire supérieur. Il faut le certificat d'études primaires (CEP), rendu obligatoire en 1882 par J. Ferry, pour entrer dans l'enseignement primaire supérieur. Or le CEP est généralement obtenu à l'âge de 12 ans alors que l'entrée en collège, dans une classe de sixième, se fait à 10 ans (sans préparer le CEP). Les durées des études diffèrent aussi sensiblement : la scolarisation dans l'EPS dure trois ans mais peut être prolongée, à la carte, vers le brevet élémentaire et le brevet supérieur alors que l'entrée dans le secondaire engage *a priori* pour sept années. Par ailleurs, le passage de l'EPS vers le secondaire n'est pas aménagé : il faut faire du latin pour être scolarisé dans le secondaire, or celui-ci est absent de l'EPS. L'apprentissage du latin est, à l'époque, une barrière emblématique de la séparation des enseignements selon la classe sociale [Goblot, 1925]. Enfin, le secondaire est payant alors que l'EPS est gratuit. À l'exception de quelques élèves de la communale particulièrement brillants, tel Charles Péguy qui bénéficie d'une bourse, l'obstacle est infranchissable pour la majeure partie des classes populaires et moyennes.

1930 : la gratuité de l'enseignement secondaire

La gratuité de l'enseignement secondaire est à la conjonction de l'histoire démographique et de l'histoire politique. La guerre de 14-18 a en effet creusé les générations : près de 700 000 naissances annuelles avant la guerre, moins de 400 000 naissances par an pendant celle-ci [Daguet, 1995]. Dès 1925, le désastre démographique de la Grande Guerre perturbe les classes des collèges, surtout celles des petits établissements, qui ont des effectifs particulièrement squelettiques. Face à la diminution du nombre moyen d'élèves par classe et pour réaliser des économies – la guerre a laissé les finances de l'État exsangues –, un décret-loi de 1926 décide que dans les établissements où se trouvent juxtaposées des classes de l'EPS, de lycée ou de collège, certains cours seront donnés en commun. Cette politique porte le nom de l'« amalgame ». L'amalgame crée une situation paradoxale : sur les mêmes bancs et pour les mêmes cours, les élèves du secondaire paient une scolarité dont les élèves de l'EPS bénéficient gratuitement ! Si le paiement ne garantit pas une prestation en quelque sorte spécifique pour les élèves inscrits en collège, l'amalgame est perçu comme une injustice. En 1927, la gratuité est décidée pour les 150 établissements environ dans lesquels l'amalgame était pratiqué [Prost, 1968]. Un tel principe de gratuité ne pouvait alors que s'étendre. Décidé en 1930, il est mis en œuvre progressivement. En 1933, tout l'enseignement du secondaire devient gratuit. Il a fallu plus d'un demi-siècle (1881-1933) pour que le principe de gratuité s'impose dans l'enseignement secondaire et que, formellement, l'entrée dans celui-ci ne soit plus liée aux ressources parentales.

Une telle transformation, majeure dans l'histoire de l'école, celle qui permet aux enfants du peuple d'accéder à des études secondaires gratuites, n'est pas séparable des luttes politiques. Dans l'entre-deux-guerres, le projet d'une « école unique » est défendu à la fois par le Parti socialiste, nouvellement créé après la scission du congrès de Tours, le parti radical et les Compagnons de l'Université nouvelle. Dès 1918, ceux-ci défendent l'idée d'une unification à la fois de l'école communale et des classes élémentaires des « petits lycées », ainsi que la réunification des enseignements post-primaires (l'enseignement secondaire et l'enseignement primaire supérieur) : « Séparer, dès l'origine, les Français en deux classes, et les y fixer pour toujours par une éducation différente, c'est aller à l'encontre du bon sens, de la justice et de l'intérêt national [...]. L'école unique résout simultanément deux questions : elle est l'enseignement démocratique et elle est la sélection par le mérite » (Université nouvelle, 1918).

Décidée en 1930, la gratuité de l'enseignement secondaire va coïncider avec le retour des classes pleines de l'après-guerre (plus de 700 000 naissances dès 1919). La conjonction des deux phénomènes vient gonfler l'effectif des classes de sixième. En 1933, pour contrôler le flux des nouveaux candidats dans le secondaire, un examen d'entrée en sixième est institué. Dans l'histoire de l'école, la période est essentielle : l'institution éducative abandonne officiellement la sélection par l'argent et lui substitue, formellement, celui du mérite scolaire que les Compagnons de l'Université nouvelle souhaitaient promouvoir.

2. La progression de la scolarisation

Incertaine et éparse tout au long du XVIIIe siècle, la statistique sur la scolarisation va naître dans le courant du XIXe siècle parallèlement à la centralisation étatique. Cependant, sur une longue période, les changements de définition du territoire (avec ou sans les académies d'Alger, d'Alsace et de Lorraine), la modification des enseignements et des catégories statistiques rendent délicates les comparaisons et quasi impossible la constitution de séries homogènes longues. Fragmentaires, les données disponibles permettent néanmoins de saisir les grandes transformations propres à l'époque.

La montée de l'alphabétisation de masse

L'œuvre réformatrice de Guizot va transformer profondément la place de l'école primaire. Au cours de la seconde moitié du XIXe siècle, les taux de scolarisation des enfants âgés de

5 à 15 ans connaissent, par département, une progression spectaculaire. Majoritairement inférieurs à 50 % en 1850, et parfois même en dessous de 30 % dans certains départements du Centre et de la Bretagne, les taux de scolarisation dépassent les 80 % en 1906. L'écart des taux s'est aussi considérablement réduit : le Centre a comblé son retard, et les taux les plus bas, toujours en Bretagne, atteignent toutefois 70 % d'une classe d'âge. En 1882, quand Jules Ferry rend la scolarité obligatoire de 7 à 13 ans, la grande majorité des enfants va déjà à l'école primaire. Il faudra attendre l'instauration progressive des allocations familiales en 1932 et 1939 pour faire totalement respecter l'obligation scolaire.

Au-delà de ce bilan global, témoignant des progrès considérables réalisés au cours de la seconde moitié du XIXe siècle, la scolarisation reste brève et moyennement couronnée de succès. Ainsi, Antoine Prost [1981] estime à 50 %, en 1935, le nombre d'élèves quittant l'école sans obtenir le certificat d'études primaires (CEP). Des données départementales montrent que ce taux de réussite est aussi très variable selon l'origine sociale : les enfants des ouvriers, des agriculteurs et des personnels sans qualification obtiennent nettement moins fréquemment le CEP que les enfants d'employés, d'artisans et de commerçants.

Cette progression de la scolarisation communale s'est réalisée parallèlement à celle des classes des « petits lycées », payants, réservés aux enfants de notables : 16 000 en 1881, 55 000 dans les années trente. Progression remarquable qui manifeste la coexistence de deux types d'enseignement, « petits lycées » d'une part, école primaire d'autre part, à l'image de la séparation de l'enseignement post-primaire : secondaire *versus* primaire supérieur.

Le secondaire et l'EPS : une évolution divergente

Fait majeur, l'enseignement post-primaire – EPS d'une part, collèges et lycées d'autre part – ne concerne qu'une minorité d'élèves, moins de 7 % des garçons âgés de 11 à 17 ans en 1930 [Isambert-Jamati, 1970]. Le taux de scolarisation des filles est par ailleurs beaucoup plus faible (*cf.* chapitre IV). Deuxième fait tout aussi central, ces types d'enseignement connaissent une évolution totalement divergente : de 1881 à 1930, les effectifs de garçons scolarisés dans les EPS passent de 13 000 à 37 000, soit une progression de 185 %. Parallèlement, les élèves inscrits dans l'enseignement secondaire sont quasi stables, passant de 73 000 à 77 000 [INSEE, 1966].

Après l'instauration de la gratuité en 1930, les effectifs du secondaire croissent sensiblement (+ 74 % de 1930 à 1938). Cependant, cette croissance demeure toujours inférieure à celle des EPS (+ 115 %). Ces augmentations rapides sont principalement dues aux générations pleines de l'après-guerre. En fait, malgré la gratuité, le taux de scolarisation dans l'enseignement secondaire connaît une croissance faible comparé à la scolarisation en EPS [Briand, Chapoulie et Péretz, 1979].

L'écart de progression entre l'école des « notables » (le secondaire) et l'école du peuple (l'EPS) est de surcroît beaucoup plus considérable si l'analyse prend en compte l'ensemble des formations post-primaires réservées essentiellement aux classes moyennes. À l'enseignement primaire supérieur, déjà mentionné, il faut alors ajouter les cours complémentaires, localisées dans les écoles communales, et l'enseignement technique. Ces trois formes d'enseignement scolarisent, pour les seuls garçons, 17 000 élèves en 1881 et près de 85 000 en 1930, soit une multiplication par cinq des effectifs.

Au cours de cette période, la diffusion de l'enseignement s'est donc réalisée de façon très spécifique : la scolarisation a certes connu une progression particulièrement soutenue mais les frontières entre les deux types d'enseignement post-primaire sont restées particulièrement étanches. Or, seul l'accès au secondaire et au bac, principalement réservé aux enfants d'origine aisée, permet très largement d'accéder aux fonctions d'encadrement. Le mythe de l'école républicaine tire son aura et son prestige de l'ignorance de cette organisation de l'école fondée sur la division de la société en classes. L'allongement sensible de la durée des études indique l'importance de la diffusion de l'instruction ; la pérennité des deux réseaux d'enseignement et l'existence d'un enseignement secondaire quasiment réservé aux enfants d'origine aisée témoignent de la faiblesse de la démocratisation.

III / De Vichy au début du XXIe siècle : unification et diversification des cursus

Commencé en 1930 par l'instauration de la gratuité, le processus d'unification de l'enseignement post-primaire se poursuit sous Vichy et la Ve République. Parallèlement, le système éducatif, nouvellement refondé, connaît aussi un mouvement de diversification au niveau des lycées et de l'enseignement supérieur.

1. La mise en place du système éducatif contemporain

La politique pétainiste : un conservatisme paradoxal

La politique éducative de Vichy est sans aucun doute d'inspiration conservatrice, comme en témoignent la suppression des écoles normales d'instituteurs et la fin de la gratuité de l'enseignement secondaire. Dans le domaine éducatif, comme dans d'autres, la tentation vichyssoise est celle du retour en arrière. Ces réformes ne survivront pas au régime. Cependant, Jérôme Carcopino, ministre de l'Éducation en 1941, va créer une situation irréversible en transformant l'EPS qui fournissait l'essentiel des futurs élèves des écoles normales d'instituteurs en « collège moderne ». Le régime de Vichy éprouvait en effet une défiance certaine à l'égard des instituteurs, ces « hussards noirs de la République » empreints d'esprit laïque et peu enclins à soutenir l'idéologie de l'État français. La suppression de l'EPS avait notamment pour objet d'intégrer la formation des instituteurs, considérés comme le fer de lance de l'anticléricalisme, dans l'enseignement secondaire.

Or, paradoxe de l'histoire, en intégrant l'EPS dans l'enseignement secondaire, le gouvernement de Vichy a contribué, de façon involontaire et décisive, au rapprochement des deux types d'enseignement post-primaires. Complément logique de cette intégration des EPS au collège traditionnel, est créée, en 1942, une nouvelle classe de terminale, la « philo-sciences », future « science expérimentale » plus adaptée à la formation des élèves des « collèges modernes » davantage spécialisés dans l'enseignement des sciences. Pour les anciens élèves de l'EPS, la poursuite des études jusqu'au bac est désormais admise. Par ailleurs, les écoles professionnelles de commerce et d'industrie sont transformées en collèges techniques (en 1959, ceux-ci deviendront les lycées techniques). En 1941, les appellations des différents cursus post-primaires, bien distinctes avant cette date, se sont sensiblement rapprochées, comme l'indique la création de nouveaux types de collèges – modernes, techniques – préfigurant l'idée d'une proximité sinon de contenus, du moins de parcours. Les mesures prises ont été une source sensible d'ouverture sociale de l'enseignement secondaire ainsi élargi : la part des enfants d'ouvriers scolarisés en classe de 6e passe de 2,7 % en 1936, avant la réforme de Carcopino, à 8,3 % en 1942 et 13,2 % en 1944 [Lelièvre, 1990]. Comme le souligne cet auteur, on saisit par cette évolution « l'importance des éléments structurels institutionnels dans les processus de démocratisation ». Les réformes scolaires de la Ve République vont confirmer cette importance de l'organisation des enseignements sur le développement de l'accès aux savoirs.

1959 : vers la réunification des cursus post-primaires

En 1959, J. Berthoin, ministre de l'Éducation sous de Gaulle, est animé par deux projets. Le premier est d'allonger la durée de la scolarisation. Celle-ci, rendue obligatoire jusqu'à 13 ans en 1882 par J. Ferry, avait été portée à 14 ans par Jean Zay, ministre de l'Éducation nationale sous le Front populaire. En allongeant la durée de scolarisation à 16 ans, Berthoin souhaite imposer une nouvelle norme de scolarisation qui intégrerait forcément le premier cycle d'un enseignement secondaire.

Le second projet découle du premier : si tous les élèves poursuivent leurs études jusqu'à 16 ans, la question de leur orientation à la fin du primaire devient un problème majeur.

J. Berthoin pense que l'orientation des élèves, à la fin des années soixante, est peu soucieuse des possibilités de réussite de chacun, comme l'indique l'exposé des motifs de la réforme Berthoin de 1959 : « Nous retenons dans l'enseignement théorique nombre de jeunes esprits – qui trouveraient mieux leur voie dans l'enseignement technique [...] – et dans le même temps, nous abandonnons dans l'enseignement utile mais sommaire des classes de fin d'études [dernière année du primaire] ou dans les enseignements courts des intelligences auxquelles les enseignements longs, technique ou secondaire, vaudraient leur accomplissement véritable. » Pour réaliser le projet d'adéquation des aptitudes des élèves aux différentes séries d'enseignement, la réforme Berthoin va créer un « cycle d'observation » d'une durée de deux ans couvrant les classes de sixième et cinquième. Parallèlement, un « conseil d'orientation » composé des enseignants est institué dans tous les collèges. En fonction de leurs « aptitudes » évaluées à la fin de ce cycle d'observation, les élèves devaient être orientés dans cinq filières :

— un enseignement général long, classique et moderne, réservé de fait à une minorité d'élèves, futurs cadres de la nation,

— un enseignement terminal court, héritier des classes de fin d'études du primaire, destiné aux futurs ouvriers spécialisés, agriculteurs, artisans,

— un enseignement technique long, issu des écoles professionnelles, destiné aux techniciens supérieurs,

— un enseignement technique court destiné à former des ouvriers qualifiés,

— enfin, un enseignement général court est délivré dans un nouveau collège, le collège d'enseignement général (CEG). Ceux-ci accueillent les élèves des cours complémentaires.

Modalité la plus fréquente de la poursuite de la scolarité après l'enseignement primaire, les cours complémentaires connaissent une croissance considérable depuis la gratuité décidée par J. Ferry : 7 000 élèves, garçons et filles, en 1881 ; 470 000 en 1959, et près de 600 000 à la même date en comptant l'enseignement privé [INSEE, 1966]. Les cours complémentaires, immense réservoir de compétences, avaient déjà connu un certain désenclavement avec la création, en 1952, d'une section M' en lycée à laquelle les meilleurs élèves des cours complémentaires pouvaient accéder. Le taux de réussite à ce bac était d'ailleurs l'un des plus élevés. Avec la réforme Berthoin, les cours complémentaires deviennent des collèges d'enseignement général (CEG) d'une durée de quatre années après les études primaires. Ils conduisent initialement au certificat d'aptitude professionnel (CAP). Ces collèges demeurent cependant rattachés aux écoles primaires.

L'existence de ces cinq types d'orientation, très différents les uns des autres, montre la complexité du système d'enseignement post-primaire de l'époque. Cette complexité tient au fait que les questions essentielles ne sont pas encore tranchées : quel doit être l'enseignement post-primaire : un enseignement à l'image du secondaire ou du collège d'enseignement général ? Quels doivent être les enseignants de cette école moyenne, des instituteurs ou des professeurs ? Quels doivent être les contenus dispensés ? Plutôt tournés vers l'enseignement long du secondaire ou vers l'enseignement technique et professionnel ?

Minée par ces interrogations, la réforme Berthoin n'atteint pas son objectif d'égalisation des chances : une petite minorité d'élèves – moins de 5 % – change d'établissement après les deux années du cycle d'observation. Le choix initial d'un CEG ou d'un collège technique détermine donc sensiblement le devenir scolaire des élèves. Telle qu'elle est conçue, l'évaluation des « aptitudes » par les conseils d'orientation, précurseurs des conseils de classe, favorise le *statu quo* des positions scolaires et sociales.

1963 : la naissance du secondaire pour tous

La création des collèges d'enseignement secondaire (CES) par Christian Fouchet en 1963 constitue une des ruptures les plus fondamentales de l'histoire de l'école : tous les élèves sont désormais scolarisés dans le même type d'établissement. En 1963, une institution scolaire organisée au XIXe siècle en deux réseaux (classe primaire et primaire supérieur *versus* « petits lycées » et enseignement secondaire) laisse définitivement la place à une organisation par degré : le primaire et le secondaire. En fait, le CES ne réalise qu'imparfaitement l'école unique souhaitée par les Compagnons de l'Université nouvelle. Mis en place par un décret du 3 août 1963, les CES sont en effet organisés en trois voies différentes :

— Les sections classiques et modernes de l'enseignement général long (voie I). Ces deux sections sont les filières traditionnelles du collège.

— Les sections modernes de l'enseignement général court (voie II). Cette filière « moderne court » est constituée par les élèves des CEG (anciennement cours complémentaires). Ce « moderne court » débouche sur l'enseignement technique.

— Enfin, les « classes de transition » scolarisent les élèves des classes de fin d'études du primaire.

Bien que les CES marquent symboliquement la fin de la séparation entre une école du peuple et une école des notables, ils rassemblent cependant des établissements polyvalents dans lesquels les filières sont initialement étanches, surtout entre les voies classiques et les filières anciennement rattachées au primaire, telles que les classes de fin d'études. Les maîtres ne sont pas les mêmes et les programmes diffèrent sensiblement.

L'opposition au CES fut forte. Elle provient de la plupart des syndicats d'enseignants [Robert, 1993]. La Société des agrégés manifesta une hostilité particulièrement vive à l'égard de ce projet suspecté d'anéantir l'enseignement secondaire : « Toute confusion, toute fusion, tout amalgame entre enseignement long et enseignement court ruineraient l'un et l'autre » [cité par Isambert-Jamati, 1995].

1975 : le collège unique

Le collège unique est l'aboutissement du processus entamé par la gratuité de l'enseignement secondaire en 1930 et poursuivi par les réformes de Carcopino, Berthoin et Fouchet. Ce processus débouche, en 1975, sur la réunion de l'ensemble des élèves sortant de l'école primaire en un collège identique pour tous. C'est seulement à cette époque que la distinction entre le collège – enseignement du premier cycle – et le lycée, consacré au second cycle, sera définitivement établie. Les lycées comprenant des classes de la sixième à la troisième perdent leur premier cycle et sont scindés en deux établissements distincts. C'est aussi à cette époque que les collèges d'enseignement technique, héritiers des centres d'apprentissage, deviennent des lycées d'enseignement professionnel (LEP). Autrement dit, l'organisation du secondaire en un premier cycle commun à tous et des seconds cycles distincts est mise en place à cette période. Toutefois, le projet du collège unique ne sera jamais totalement réalisé pour plusieurs raisons.

Après la suppression, en 1968, du latin obligatoire dans la section classique, l'option latin demeure scolairement et socialement distinctive [Cibois, 1996], tout comme le choix de l'allemand en première langue et le choix de certaines langues rares en classe de quatrième (chinois et russe tout particulièrement). En 1985, la création des quatrième et troisième technologiques qui accueillent, en 2000, 8 % de l'ensemble des élèves de troisième, limite grandement l'unité du collège tant ces élèves ont à la fois un niveau de compétences plus faible et un avenir scolaire plus restreint. La réforme du collège mise en œuvre à partir de l'an 2000 doit toutefois aboutir à la suppression de ces classes.

Il existe aussi une hiérarchie des collèges. Si la carte scolaire instituée en 1963 associe la fréquentation d'un collège à une zone géographiquement déterminée par les inspections académiques, celle-ci fera l'objet de dérogations favorisant de véritables ségrégations sociales intercollèges [Trancart, 1999 ; Merle, 1999a]. La création des ZEP en 1981, combinée au développement de la ségrégation spatiale, a renforcé ce mouvement (*cf.* chapitre VII).

Enfin, si le collège unique concerne la très grande majorité des élèves, il ne les concerne pas tous. L'allongement de la scolarité jusqu'à 16 ans s'est réalisé parallèlement à la création de sections spéciales, notamment les SEGPA (sections d'enseignement général et professionnel adapté) destinées à accueillir les élèves les plus faibles. Dans les statistiques scolaires, ces classes relèvent, pour le second degré, des « enseignements adaptés ». D'abord limité à 25 000 élèves en 1972, l'effectif de cet enseignement a connu une croissance très soutenue jusqu'en 1980 parallèlement à la mise en place du collège unique. En 1980, 123 000 élèves relèvent de l'enseignement adapté. Cet effectif est resté quasiment stable au cours des vingt dernières années du XXe siècle : il est de 116 000 élèves en 2000 [MEN, 2001].

2. Vers une scolarisation complète des 11 à 17 ans

Bien que la période 1960-2000 soit marquée par une augmentation exceptionnelle des taux de scolarisation de 11 à 17 ans, il est possible de distinguer deux périodes de croissance. La première marque les années soixante, la seconde les années quatre-vingt. Depuis 1995, le taux de scolarisation s'est stabilisé. Il décroît même légèrement [INSEE, 2000].

L'événement marquant de la Ve République tient finalement à une scolarisation quasi complète des générations des jeunes gens âgés de 17 ans. L'institution scolaire française rejoint, à la fin du XXe siècle, les autres pays industrialisés qui la devançaient jusqu'alors [OCDE, 1993, 2000].

Le rôle des facteurs externes à l'institution scolaire

Les raisons d'une telle croissance de la scolarisation sont multiples [Duru-Bellat et Merle, 2000]. Il faut sans doute ne pas négliger les facteurs externes à l'institution scolaire. À partir des années soixante et jusqu'à la crise économique de 1973, l'époque est à la croissance économique et à l'augmentation des revenus réels. Or les dépenses éducatives constituent un « bien supérieur » : il s'agit de dépenses qui augmentent de façon plus que proportionnelle au revenu. De fait, la scolarisation s'allonge.

Les années quatre-vingt sont quant à elles marquées par l'émergence d'un taux de chômage massif : celui-ci passe de 3 % de la population active en 1974 à plus de 10 % dans les années quatre-vingt. Le chômage touche les non-diplômés et particulièrement les jeunes gens âgés de 15 à 25 ans : en 1975, le taux de chômage des non-diplômés était de 8 %, soit le double de celui des jeunes gens du même âge diplômés du supérieur (4 %). De 1975 à 1995, la situation des sans-diplômes s'est détériorée encore davantage. En 1995, leur taux de chômage est de 35 %, soit près du triple de celui des diplômés (12 %) [Meron et Minni, 1995]. Sans être des experts, les familles – les parents comme les enfants – ont une connaissance intuitive de cette situation de l'emploi et plus généralement des difficultés grandissantes d'insertion sur le marché du travail : la poursuite des études constitue logiquement une alternative pertinente à la recherche incertaine d'un emploi.

L'effet des politiques éducatives expansionnistes

Sans aucun doute ces facteurs externes à l'institution scolaire n'auraient eu qu'un effet limité sur l'allongement des études si des politiques éducatives expansionnistes n'avaient pas, parallèlement, eu pour projet l'émergence d'une telle croissance de la scolarisation. Ainsi, dans les années trente, la gratuité du secondaire n'avait guère exercé d'effet sur les taux de scolarisation en raison de l'arrivée à l'âge scolaire des générations pleines de l'après-guerre et de la rigidité de l'offre de places : de 1928 à 1938, le nombre d'établissements de l'enseignement secondaire est stable, autour de 360 pour les garçons et 165 pour les filles [INSEE, 1966] alors que l'effectif des jeunes en âge d'entrer en 6e passe de 343 000 à 682 000. La crise des années trente et le malthusianisme scolaire de l'époque ont donc bloqué la croissance du taux de scolarisation dans le secondaire. Tout autre est la situation des années soixante : l'accroissement soutenu des capacités d'accueil favorise d'autant plus l'allongement de la scolarisation que le nombre d'enfants de 11 ans en âge d'entrée en sixième est *grosso modo* stable, voire en légère régression, sur la période (859 000 en 1965, 828 000 en 1970, 836 000 en 1980).

L'offre quantitativement croissante d'éducation se double d'une modification des formations offertes. Dès 1942, la création d'une terminale « philo-sciences » permet aux élèves des cours complémentaires, dont la scolarité est *a priori* limitée à quatre ans après l'école élémentaire, de poursuivre des études secondaires. L'idée que les élèves de la communale ne doivent pas limiter leur scolarité aux études post-primaires des cours complémentaires et puissent parvenir au secondaire va faire progressivement son chemin. En 1959, l'allongement jusqu'à 16 ans de l'obligation scolaire va favoriser cette poursuite d'études des élèves scolarisés d'abord dans le collège d'enseignement général, ensuite dans le collège d'enseignement secondaire, enfin dans le collège unique, banalisant progressivement l'accès à un premier cycle du secondaire. Cette première généralisation de la scolarisation jusqu'à 16 ans va préparer le développement de l'accès au lycée qui va peu à peu constituer l'horizon scolaire normal des collégiens des années quatre-vingt.

3. La croissance de l'accès au bac et au supérieur

L'accès au bac : une croissance heurtée

À partir de 1960, la croissance de l'accès au bac est à la fois heurtée et globalement soutenue. Elle résulte de la conjonction de plusieurs décisions de politique éducative et tout particulièrement de la création des bacs technologiques, délivrés à partir de 1969, et des bacs professionnels créés en 1985. Les données sur les taux des bacheliers par génération permettent de distinguer quatre périodes (*cf.* tableau).

La première s'étend de 1960 à 1975. Le nombre de bacheliers augmente de façon soutenue, passant de 61 500 à 206 900 bacheliers, et le taux de bacheliers fait plus que doubler sur cette période, passant de 11,3 % à 24,4 %.

La seconde période s'étend de 1975 à 1985. Ces dix années, correspondant *grosso modo* au septennat de V. Giscard d'Estaing et au début de la période mitterrandienne, sont marquées par un tassement sensible de cette croissance du nombre et du taux de bacheliers. De 1975 à 1985, le pourcentage d'une génération titulaire d'un bac général est en effet totalement stable et correspond à un jeune sur cinq. Seule l'augmentation des bacheliers technologiques permet d'assurer une croissance peu soutenue du nombre et du taux de bacheliers.

La troisième période – 1985-1995 – est exceptionnelle. Elle débute avec la loi programme sur les enseignements technologiques et professionnels de 1985. Celle-ci institue les bacs professionnels et se trouve confortée par la loi d'orientation du 14 juillet 1989 qui fixe l'objectif de 80 % d'une génération au niveau du baccalauréat en l'an 2000. La croissance du taux de bacheliers va être extrêmement rapide, passant de 30,2 % en 1985 à 62,9 % en 1995. Cette expansion, particulièrement vigoureuse, est due à une conjoncture favorable très spécifique : des investissements scolaires soutenus (le nombre de lycées d'enseignement général et technologique croît de 25 % sur la période), une baisse sensible de la pression démographique (l'effectif des jeunes gens accueillis baisse d'environ 70 000 sur dix ans), et une diversification de l'offre scolaire qui parvient à son régime de croisière, comme l'atteste la croissance

Les baccalauréats général, technologique et professionnel de 1960 à 2000
(France + DOM)

Années	*1960*	*1965*	*1970*	*1975*	*1980*	*1985*	*1990*	*1995*	*1997*	*2000*
Bacheliers (milliers)	61,5	96,9	168,7	206,9	225,8	257,8	391,3	492,4	481,7	516,5
Variation (en %)	–	+ 57,1	+ 74,1	+ 22,6	+ 9,1	+ 14,2	+ 51,8	+ 25,9	– 2,2	+ 7,2
Dont filles (en %)	48,7	49,1	52,5	56,5	58,2	57,0	55,2	55,6	54,5	54,0
Taux d'accès (en %)	11,3	11,3	20,3	24,4	26,5	30,2	44,4	62,9	61,5	61,7
Dont bac général	11,3	11,3	16,8	20,5	19,0	20,2	24,8	36,7	34,3	32,6
Dont bac techno.	–	–	3,5	3,9	7,5	10,0	14,3	17,7	17,4	18,3
Dont bac pro.	–	–	–	–	–	–	6,3	8,5	9,8	10,8

Source : Cibois et Droesbeke [1988] et MEN (*Notes d'information* du ministère).

élevée des taux de bacheliers technologiques et surtout professionnels.

Enfin, la quatrième période – les années ultérieures à 1995 – est marquée par une profonde rupture : la croissance séculaire du taux de bacheliers est stoppée. Le taux de bacheliers décroît ou stagne jusqu'au début du XXIe siècle. Le phénomène est *a priori* difficile à comprendre car les données relatives aux taux de chômage des non-diplômés et diplômés du supérieur indiquent, en 1998, une accentuation des différences précédemment évoquées : 13,4 % de chômeurs parmi les « bacs + 3 » et 50,2 % parmi les sans-diplômes, soit un rapport de 1 à 3,7 environ. Autrement dit, quand il est question de l'accès à l'emploi, le diplôme, de façon relative, protège toujours davantage.

Si l'écart se creuse entre les diplômés et les non-diplômés, l'accès à l'emploi des diplômés se dégrade cependant et leur niveau d'insertion professionnelle s'accompagne de déclassement [Forgeot et Gautié, 1997 ; Chauvel, 1998 ; Baudelot et Establet, 1999]. La valeur économique et sociale du diplôme en a été affectée. Ceci peut expliquer pour une part cela : la contrainte des études est en effet plus difficile à accepter si les efforts consentis sont de moins en moins récompensés. Enfin, l'organisation pédagogique du collège, l'existence de ségrégations sociales et scolaires marquées sont sans doute une source de tensions à l'intérieur des établissements. La finalité sociale et scolaire du collège, incertaine et objet de polémiques, est encore à définir [Dubet et Duru-Bellat, 2000]. Les élèves ont aussi le sentiment d'un faible respect de leurs droits et le décrochage scolaire en est facilité [Merle, 2001]. Le « collège pour chacun », nouveau slogan de la politique éducative du milieu des années quatre-vingt-dix, ne convient de toute évidence pas à tous, facilitant d'autant le décrochage scolaire des élèves les plus faibles.

crise du coll

L'enseignement supérieur : diversification et croissance

La grande diversité de l'enseignement supérieur s'inscrit dans l'histoire. Issue de l'Ancien Régime, l'université va véritablement naître des décrets pris sous le Consulat et l'Empire. Le premier codifie les examens (le doctorat en médecine, la licence en droit...), le second, en 1808, crée le monopole des facultés sur l'enseignement et institue les universités des lettres et des sciences dont la mission première, principale, et parfois unique à l'époque, est la collation des grades et surtout du premier d'entre eux : le baccalauréat. Celui-ci est la clé incontournable d'entrée dans l'enseignement supérieur.

L'enseignement supérieur universitaire va connaître une croissance tardive, à partir de la fin du XIXe siècle. On compte 17 000 étudiants en 1890, 30 000 en 1900, 140 000 en 1950. Ces chiffres globaux sont quelque peu incomplets. Il ne s'agit que de moyennes : les effectifs inscrits connaissent des variations sensibles selon la filière et le niveau de diplôme.

LICENCES ET DOCTORATS DÉLIVRÉS PAR LES FACULTÉS (1900-1950)
(hors pharmacie)

	Droit	*Sciences*	*Lettres*	*Médecine*	*Total*
1900					
Licence	1 475	254	430	–	2 159
Doctorat	494	37	16	1 129	1 676
1950					
Licence	2 771	1 351	1 719	–	5 841
Doctorat	340	129	58	1 939	2 466

Source : INSEE [1966].

La spécialisation des filières universitaires se réalisera par vagues, à partir de 1880, puis surtout dans la seconde moitié du XXe siècle, notamment avec la réforme Fouchet de 1966. Le cursus universitaire est alors organisé en trois cycles. La création des cycles et la diversification des filières contribuent à la diversité des statuts d'étudiants.

À la première figure traditionnelle de l'étudiant, celui inscrit à l'université, il faut en ajouter une autre, celle des « écoles ». Il s'agit d'un univers d'une grande diversité : écoles sociales et paramédicales (assistantes sociales, infirmières, sages-femmes...), d'ingénieurs, de commerce, et les « grandes écoles ». Ces dernières, héritières, pour une part d'entre elles, de la période révolutionnaire, forment un monde à part, numériquement restreint. Elles ont donné naissance à des classes spécifiques : les classes préparatoires aux grandes écoles (CPGE).

Alors que l'entrée dans les universités, à l'exception de quelques-unes, est ouverte à tous les bacheliers, l'inscription dans les « écoles », notamment les CPGE, est soumise à une sélection parfois très élitiste.

La troisième figure de l'étudiant est propre aux filières supérieures courtes. D'une durée de deux années après le bac, les sections de techniciens supérieurs (STS) sont créées en 1959, et les instituts universitaires de technologie (IUT) sont institués par la réforme Fouchet de 1966. Si toutes les recherches sur le monde étudiant n'aboutissent pas aux mêmes découpages du monde étudiant, toutes s'accordent sur la forte diversité des situations [Bourdieu et Passeron, 1964 ; Dubet, 1994 ; Galland et Oberti, 1996 ; Le Bart et Merle, 1997 ; Herlich, 1998]. Dans l'étude de la démocratisation de l'enseignement, cette diversité du statut des étudiants, de la durée de leurs études et de leurs débouchés professionnels est une dimension centrale de l'analyse (*cf.* partie II).

La croissance de l'enseignement supérieur

À l'évolution soutenue du nombre d'étudiants au cours de la première moitié du XXe siècle (les effectifs sont multipliés par 4,6) va succéder une croissance encore plus forte au cours des années soixante-deux mille. Les statistiques du ministère distinguent les universités, les IUT, les STS, les CPGE, et les autres établissements tels que les IUFM, les écoles d'ingénieurs et de commerce, etc.

Sur les années soixante-deux mille, la croissance totale est considérable : l'effectif des étudiants est multiplié par plus de six. La croissance des effectifs suit aussi de fortes variations. Particulièrement soutenue dans la décennie soixante (+ 174,6 %), elle connaît ultérieurement des rythmes variés, notamment selon la filière considérée : l'essoufflement est sensible à la fin du XXe siècle pour les effectifs des universités et des CPGE alors que le taux de croissance des effectifs dans les sections techniques courtes (STS et IUT) se maintient globalement. Cette dispersion des rythmes de croissance des différentes filières est en partie en rapport avec la diversification des filières de l'enseignement secondaire. Ainsi le développement des bacs

ÉTUDIANTS INSCRITS DANS L'ENSEIGNEMENT SUPÉRIEUR
(en milliers, France métropolitaine)

	1960	*1970*	*1980*	*1990*	*2000*
Université	215	637	799	1 098	1 252
	–	*+ 196 %*	*+ 25,4 %*	*+ 19,5 %*	*+ 14 %*
IUT	–	24	54	74	117
	–	–	*+ 122 %*	*+ 38,4 %*	*+ 58,1 %*
STS	8	27	67	199	237
	–	*+ 235 %*	*+ 151 %*	*+ 196 %*	*+ 19,1 %*
CPGE	21	33	40	68	77
	–	*+ 55,2 %*	*+ 23,0 %*	*+ 68,3 %*	*+ 13,2 %*
Autres	66	130	215	260	393
	–	*+ 96,9 %*	*+ 65,0 %*	*+ 186 %*	*+ 51 %*
Total	310	851	1 175	1 699	2 111
	–	*+ 174,6 %*	*+ 38,1 %*	*+ 44,6 %*	*+ 24,2 %*

Source : MEN, *Repères et références statistiques* [2001].

technologiques explique la croissance des sections STS. En revanche, l'accroissement des effectifs des bacheliers scientifiques n'a pas exercé un effet sensible sur le taux de croissance des effectifs des CPGE, notamment en raison de la sélection à l'entrée.

4. Diplômes et compétences scolaires

Parallèlement à la croissance exceptionnelle des effectifs scolarisés en lycée et dans l'enseignement supérieur, le pourcentage des diplômés n'a cessé de croître. Sur les vingt dernières années du XXe siècle, les changements sont considérables : en 1980, près de 70 % des « sortants » ne dépassent pas le niveau CAP-BEP ou celui du brevet, cette proportion est inférieure à 40 % en 1999. Parallèlement, alors qu'à peine plus d'un sortant sur vingt était titulaire d'une licence ou plus en 1980, plus d'un sortant sur cinq est dans cette situation en 1999. Cette croissance des taux de diplômés n'est pas le fruit du hasard : la loi d'orientation de 1989 avait fixé l'objectif de scolarisation de 80 % d'une classe d'âge au niveau du bac et montre que ce mouvement a été sinon totalement décidé, du moins fortement

Les nouveaux publics scolaires : quelle expérience de la massification de l'enseignement ?

La massification de l'enseignement a profondément changé le recrutement social des lycées. Les « nouveaux lycéens » [Dubet, 1991] parviennent dans l'enseignement secondaire plus fréquemment par le biais d'une filière technologique ou professionnelle. Leur expérience scolaire est plus souvent que pour les autres élèves caractérisée par l'absentéisme, le retard, le chahut, l'ennui, le dilettantisme [Beaud, 2002]. Ce malheur d'être à l'école, voire de ne « rien capter », de ne pas se sentir à sa place, n'est pas sans rapport avec l'expérience professorale parfois difficile de la massification : le « prof » est en effet susceptible de focaliser le mal-être de ces élèves spécifiques (*cf.* ci-après).

La vie scolaire de ces nouveaux élèves, « exclus de l'intérieur », ne peut toutefois pas être définie de façon univoque tant elle dépend des conditions de scolarisation, notamment de la classe de l'élève. Dans les « bonnes classes », la vie du « mauvais » élève est fortement sous l'emprise de la médiocrité de ses résultats scolaires. Elle est une source d'humiliation et de moquerie de la part de ses camarades [Dubet et Martuccelli, 1996], voire de ses professeurs [Merle, 2002a]. Le thème classique du « gros nul », avatar irrémédiable de la compétition scolaire, ne peut être considéré comme anodin : il contribue à la disqualification scolaire et au sentiment de nullité. Il affecte la représentation de soi, l'investissement dans les études et *in fine* la réussite scolaire, comme de nombreuses recherches l'ont montré [Martinot et Monteil, 1996]. Les jugements scolaires provoquent aussi des sentiments d'injustice particulièrement forts. Nombres d'élèves ont le sentiment que la compétition scolaire est faussée, qu'ils sont injustement « saqués », et ce sentiment favorise le décrochage scolaire [Merle, 1996]. L'avenir professionnel de ces lycéens est souvent marqué par la désillusion et le déclassement [Blöss et Erlich, 2000].

L'expérience des étudiants est aussi fortement diversifiée. Le constat est ancien [Bourdieu et Passeron, 1964]. Les recherches plus récentes ont largement conforté ce premier résultat. On notera par exemple que les espérances professionnelles des étudiants sont fortement dispersées. Autant les étudiants d'IEP sont relativement confiants à l'égard de leur avenir et, majoritairement, attendent avec sérénité un statut de cadre à la sortie de leurs études, autant les étudiants des filières peu reconnues ont des espérances professionnelles réduites. De même, le moment des études constitue pour les premiers un moment dense de rencontre et de sociabilité alors que les seconds ont une expérience de la fac marquée par une certaine anomie [Le Bart et Merle, 1997].

orienté par la politique éducative de l'époque, notamment par la création des baccalauréats professionnels pour ce qui est de l'accès au niveau bac. Ce changement d'échelle d'accès au bac et, plus généralement, l'augmentation considérable du nombre de diplômés au cours des vingt dernières années du XXe siècle témoignent des capacités considérables d'adaptation de l'institution éducative.

TAUX DE SORTIE DE FORMATION INITIALE SELON LE DIPLÔME POSSÉDÉ
(en %)

	1980	*1990*	*1995*	*1998*	*1999*
Sans diplôme ou CEP	27,8	21,3	15,1	13,6	13,4
CAP-BEP	30,4	22,4	18,2	17,4	19,0
Brevet	11,0	9,7	7,2	7,2	7,2
Baccalauréat	15,6	17,9	22,4	23,9	23,0
– Général	11,2	7,8	10,1	11,5	9,6
– Techno et pro.	4,4	10,1	12,2	12,4	13,4
DEUG, DUT, BTS (*)	9,0	15,1	18,2	18,4	16,3
Licence et plus	6,2	13,5	18,4	19,5	21,1
Total (en milliers)	725	642	723	749	768

(*) Y compris les diplômes paramédicaux et sociaux.
Source : MEN, *L'État de l'école* [2001].

La valeur des diplômes est cependant assez contestée, comme l'attestent les propos récurrents tenus depuis plus d'un siècle sur la baisse du niveau des élèves. Baudelot et Establet [1988] ont toutefois montré, à partir de l'étude des résultats des conscrits aux tests de l'armée, que le niveau général des compétences s'est élevé continûment depuis 1948, parallèlement au progrès de la scolarisation. En ce sens, le niveau « monte ». Toutefois, pour un niveau d'études donné – par exemple les titulaires du bac –, le score réalisé aux tests de l'armée n'est pas modifié. Il faut donc conclure à une élévation du niveau général des connaissances des élèves sortant du système scolaire et à un maintien des connaissances par niveau de diplôme. Les données concernant les sortant de l'école de 1981 à 1995, période de forte élévation des taux de scolarisation notamment au niveau du bac, confirment ces premiers résultats. Il faut toutefois noter que les performances des élèves n'ayant pas dépassé le niveau de la classe de cinquième baissent tendanciellement sur les quinze dernières années [MEN-DEP, 1996]. Cette baisse est légère mais n'en a pas moins une signification scolaire et sociale forte, directement en rapport avec les recherches sur la démocratisation de l'enseignement.

La connaissance des grandes étapes de la diffusion de l'instruction permet de dresser un bilan. De l'Ancien Régime à l'orée du XXIe siècle, le chemin parcouru est extraordinaire : la durée des études s'est considérablement allongée, surtout au cours de la seconde moitié du XXe siècle ; les divers enseignements du XVIIIe, ensemble protéiforme et disparate de filières, se sont peu à peu constitués en cycles et degrés communs à tous ; le niveau moyen de compétence n'a cessé de s'élever. La France de l'Ancien Régime, pays quasi analphabète, est loin : l'accès au savoir s'est généralisé. L'enseignement s'est-il pour autant démocratisé ? Les inégalités d'accès à l'instruction décrites par Maggiolo à la fin du XIXe siècle appartiennent-elles désormais au passé ?

II / UNE DÉMOCRATISATION INCERTAINE

La sociologie des inégalités scolaires a notamment pour objet de connaître les déterminants sociaux des carrières scolaires. De nombreuses recherches ont montré que des variables telles que le sexe, la catégorie sociale, l'origine nationale ou géographique influencent sensiblement la carrière scolaire des individus. Un tel constat laisse entière une question centrale : ces inégalités sociales des carrières scolaires sont-elles plus importantes aujourd'hui qu'hier ? L'enseignement s'est-il démocratisé ?

Il existe plusieurs façons de répondre à ces questions et les chercheurs ont exploré des voies très variées. On s'attachera à répondre aux questions essentielles : les inégalités sexuées de trajectoires scolaires ont-elles augmenté ou diminué ? Quel est l'effet de l'origine sociale sur les inégalités de carrières scolaires ? Les inégalités se sont-elles réduites entre les élèves les plus scolarisés et les moins scolarisés ? Ou bien, au contraire, ont-elles augmenté ? Quelles sont les catégories sociales qui ont le plus profité de l'allongement de la scolarité ?

IV / Les inégalités sexuées des trajectoires scolaires

Pour comprendre les inégalités sexuées des trajectoires scolaires, il faut revenir à l'histoire, connaître les modalités de rapprochement des enseignements de deux sexes, établir un bilan des transformations réalisées et des inégalités encore présentes au début du XXIe siècle.

L'histoire de l'institution scolaire n'est pas commune aux deux sexes. L'enquête de Maggiolo (*cf.* chapitre I) a en effet bien montré le retard de l'alphabétisation féminine au XVIIIe siècle. Ce retard tient en grande partie à la condition féminine de cette époque et aux fonctions sociales associées à l'instruction dont les femmes sont exclues. Le siècle des lumières n'a guère innové sur la question de l'instruction : la réticence à instruire les garçons issus du peuple est encore plus marquée pour les filles. Molière est bien dans son époque lorsqu'il prête à Chrysale, dans *Les Femmes savantes*, ces vers bien connus :

« Nos pères sur ce point étaient gens bien sensés
Qui disaient qu'une femme en sait toujours assez
Quand la capacité de son esprit se hausse
À connaître un pourpoint d'avec un haut-de-chausse. »

Moins souvent scolarisées, les filles le sont également autrement : la durée de leur scolarité est plus courte. Sonnet [1987], dans son étude sur la scolarisation des jeunes filles dans sept internats parisiens au XVIIIe siècle, montre que l'enseignement élémentaire est réduit. Il s'agit souvent d'une « retraite préparatoire » préalable à la première communion. Julia [1987] fait le même constat. Plus généralement, pour les filles, l'effort éducatif des familles est conditionné par les apprentissages domestiques et la formation religieuse. Les congrégations religieuses partagent évidemment les mêmes objectifs. Comme l'écrit Sonnet, « on est toujours pressé de leur ôter le livre ou la plume pour y substituer le fil et les aiguilles ».

Tout au long du XVIIIe siècle et, pour une grande part, au cours du XIXe siècle, les filles sont aussi pratiquement exclues de l'enseignement secondaire. Femmes et latin – clé de la reconnaissance sociale – sont jugés antinomiques. Quel usage les femmes pourraient-elles bien faire du latin ? *Les Femmes savantes* sont ridicules et objet de dérision. L'enseignement primaire, quand il existe, est jugé suffisant à l'accomplissement des rôles sociaux des femmes. Les filles sont également moins scolarisées que les garçons en raison de l'interdiction religieuse, maintes fois réitérée, de la mixité des écoles. Plus qu'une règle, il s'agit d'une véritable « obsession » [Furet et Ozouf, 1977]. À l'école, le « mélange des sexes » est puni d'une amende fixée par les autorités religieuses. Or, quand elle est appliquée, cette morale rigoriste amène assez sûrement à exclure les filles pour des raisons économiques : les écoles paroissiales ou communales ne peuvent être toutes dédoublées pour accueillir séparément l'un et l'autre sexe.

L'horreur des mélanges, propre à l'époque, condamne bien souvent les filles à l'ignorance ou à la prise en charge de leur prime éducation par des institutions religieuses. L'enquête de Maggiolo montre d'ailleurs les résultats de leur action : l'alphabétisation des filles a progressé tout au long du XVIIIe sans toutefois que l'écart de scolarisation entre les deux sexes se réduise.

1. La Révolution et la scolarisation des filles

La Révolution n'a guère été révolutionnaire quant à l'instruction des filles. L'exégèse des textes révolutionnaires est à ce titre édifiante. Talleyrand, dans son rapport sur l'instruction publique présenté devant l'Assemblée nationale, tient des propos dénués de toute ambiguïté : « Il nous semble incontestable que le bonheur commun, surtout celui des femmes, demande qu'elles n'aspirent point à l'exercice des droits et des fonctions politiques. Qu'on cherche ici leur intérêt dans le vœu de la nature.

N'est-il pas sensible que leur constitution délicate, leurs inclinations paisibles, les devoirs nombreux de la maternité les appellent à des occupations douces, à des soins intérieurs ? » En conséquence, Talleyrand propose que les filles ne soient admises dans les écoles primaires que jusqu'à l'âge de 8 ans. Mirabeau, dans un texte publié après sa mort, a rédigé un discours très caractéristique de la conception dominante de l'époque et du lien fort entre les accès au pouvoir, à la vie publique et à l'instruction : « Je proposerai peu de chose sur l'éducation des femmes. Les hommes, destinés aux affaires, doivent être élevés en public. Les femmes, au contraire, destinées à la vie intérieure, ne doivent peut-être sortir de la maison paternelle que dans quelques cas rares » [cité par Lelièvre et Lelièvre, 1991].

Seuls quelques grands noms défendirent des conceptions totalement opposées de l'instruction des filles. Condorcet [1793] est l'un des rares à promouvoir une conception moderne de l'instruction. Son argumentation a fait progressivement son chemin au cours des siècles : « On propose une éducation commune aux hommes et aux femmes, parce qu'on ne voit point de raison pour la rendre différente, on ne voit point par quel motif l'un des deux sexes se réserverait exclusivement certaines connaissances : on ne voit pas pourquoi celles qui sont utiles généralement à tout être sensible et capable de raisonnement ne seraient pas également enseignées à tous. [...]. Une Constitution qui établit l'égalité politique ne sera jamais durable, ni paisible, si on la mêle avec des institutions qui maintiennent des préjugés favorables à l'inégalité. »

Les projets des révolutionnaires, limités et parfois contradictoires, ne furent pas pour autant négligeables. Ainsi, le décret de l'an III (1794) définit une partie des principes qui seront ultérieurement repris au cours des XIXe et XXe siècles. D'une part, la nécessité d'une instruction élémentaire est affirmée pour l'un et l'autre sexe. D'autre part, les contenus de l'enseignement sont définis comme identiques pour les deux sexes (lire, écrire ; la connaissance de la Déclaration des droits de l'homme et du citoyen ; une instruction élémentaire sur la morale républicaine ; la maîtrise des règles de calcul simple...). Toutefois, comme en témoignent suffisamment les écrits précédents, les révolutionnaires sont incertains sur l'éducation des filles. Le dernier texte révolutionnaire limitera l'instruction des filles au seul niveau élémentaire et en spécifiant des contenus d'enseignement en partie différents pour chaque sexe.

Pour l'instruction des filles, le bilan de la période révolutionnaire est plutôt mitigé à la fois sur le plan des idées et sur celui de la politique scolaire. Bien que les recherches fassent défaut pour saisir d'éventuelles transformations, celles-ci semblent des plus restreintes. Napoléon n'a guère innové davantage : alors qu'il commence à mettre en œuvre une partie du projet révolutionnaire d'organisation d'un enseignement public d'État, la question de la scolarisation des filles reste pour lui sans objet. Dans l'école qu'il réserve aux filles de ses légionnaires, le projet de moralisation prime totalement sur celui de l'instruction : « Élevez-nous des croyantes et non des raisonneuses. La faiblesse du cerveau des femmes [...], leur destination dans l'ordre social, la nécessité d'une constante et perpétuelle résignation et d'une sorte de charité indulgente et facile, tout cela ne peut s'obtenir que par la religion, par une religion charitable et douce » [cité par Durand, 1887].

2. Le XIXe siècle : le début d'un enseignement féminin d'État

La loi Guizot de 1833 met en place l'école primaire des garçons et ne se préoccupe guère de l'instruction des filles. L'absence de création d'écoles normales pour les institutrices est également symptomatique des mentalités de l'époque. Les premières mesures sont prises en 1836. À cette date, l'organisation des enseignements masculins vaut aussi pour les filles avec la définition de matières obligatoires à la fois communes à tous et particulières à chaque sexe : exercices militaires pour les garçons, travaux d'aiguille pour les filles. Cependant l'ordonnance de 1836 est loin de supprimer les inégalités déjà présentes dans la loi Guizot : outre l'absence de création d'une école normale d'institutrices par département, il n'est pas fait obligation aux communes d'ouvrir une école pour les filles. Autant dire que l'État ne considère pas l'instruction féminine comme relevant totalement de sa responsabilité. La conséquence de ce désengagement étatique a largement favorisé les congrégations religieuses. Les sœurs qui y enseignent ne sont pas soumises, de surcroît, à la détention du brevet de capacité, pourtant obligatoire dans l'enseignement public.

Il faut attendre la loi Falloux, ministre de l'Instruction publique, pour que soient prises à l'égard de l'instruction des filles, le 15 mars 1850, des dispositions avancées par les révolutionnaires : les communes de plus de 800 habitants sont désormais dans l'obligation d'ouvrir une école pour les filles. Toutefois, le moment politique n'est pas au recul de l'influence des religieuses et celles-ci conservent le privilège d'enseigner en l'absence du brevet. Le maintien de cette disposition essentielle, liée à l'alliance politique de Napoléon III avec l'Église, explique la prédominance maintenue des autorités religieuses dans l'enseignement féminin jusqu'à la fin de l'Empire. Le peu de candidatures au brevet de capacité pour devenir institutrice freinait de toute façon le développement de l'instruction féminine dans les écoles publiques. Le développement des congrégations religieuses permet toutefois aux filles de combler leur retard de scolarisation primaire au cours de la seconde moitié du XIXe siècle. Au début de la IIIe République, on compte un taux de scolarisation à peu près équivalent des élèves des deux sexes dans les écoles primaires publiques ou religieuses [Furet et Ozouf, 1977].

Le retard des filles est en revanche constant et considérable au-delà du primaire. Il revient à Victor Duruy, ministre de l'Instruction sous l'Empire, d'avoir impulsé un enseignement secondaire pour les filles. L'enseignement secondaire spécial, qui vient d'être mis en place pour les garçons en 1865, est étendu aux filles en 1867. Comme Duruy l'écrit aux recteurs : « L'enseignement secondaire des filles est et ne peut être que l'enseignement spécial [...] d'où les langues mortes sont exclues » [cité par Durand, 1887]. Cette précision marque l'époque. Si Duruy ne veut pas laisser l'instruction des filles aux autorités religieuses, et notamment aux jésuites, il ne souhaite pas non plus abolir la frontière essentielle qui sépare les deux sexes : l'apprentissage du latin qui seul permet d'être candidat au baccalauréat. La barrière est efficace : on compte moins de vingt bachelières avant 1873.

Avec l'enseignement secondaire spécial, les jeunes filles ont donc le droit de poursuivre des études mais sans tirer un profit économique de celles-ci. Cette conception de l'accès aux études secondaires, en harmonie avec les conceptions traditionnelles d'épouse, de mère et de maîtresse de maison, n'a pourtant guère désarmé l'opposition conservatrice. L'hostilité du parti clérical à un enseignement secondaire pour les filles fut d'autant plus considérable qu'il était conçu explicitement en dehors de l'Église. Pour une grande part, cette opposition porta ses fruits : « La peur du qu'en-dira-t-on empêcha nombre de cours d'ouvrir. D'autres furent efficacement dépeuplés et disparurent rapidement. Les derniers cours ne survécurent guère au ministre dont les cléricaux obtinrent le départ à l'été 1869 » [Mayeur, 1981]. Enjeu de pouvoir entre l'Église et l'État, les filles sont tenues en grande partie à l'écart de l'instruction post-primaire.

L'enseignement féminin sous la IIIe République

Si les années 1850-1870 ont permis de réduire l'écart entre les deux sexes dans l'enseignement primaire, garçons et filles ne fréquentent généralement pas le même primaire : il est principalement laïc pour les premiers et religieux pour les secondes. La IIIe République va œuvrer pour l'égalisation des conditions d'accès à l'enseignement primaire d'État quel que soit le sexe. Trois lois vont permettre ce mouvement. Paul Bert, ministre de l'Instruction publique, rend obligatoire en 1879 la création d'une école normale des filles dans chaque département. En 1881, il supprime l'autorisation d'enseigner sans posséder le brevet de capacité, privilège ancien qui donnait aux congrégations religieuses la possibilité de développer sans entraves leur enseignement. Enfin, en 1886, René Goblet impose la laïcité du personnel enseignant. Ces trois mesures, dont les complémentarités sont évidentes, vont progressivement permettre à l'État d'assurer une part grandissante de la première scolarisation des filles. La conquête sera toutefois relativement lente. Au début du XXe siècle, en 1901, les écoles religieuses assurent encore 40 % de l'enseignement primaire des filles (17 % pour les garçons).

L'action menée pour l'enseignement primaire sera complétée par Camille Sée pour l'enseignement secondaire. En 1880, il institue un enseignement secondaire public féminin et crée, la même année, l'école normale supérieure de jeunes filles de Fontenay-aux-Roses et, en 1881, l'ENS de Sèvres. À la fin du XIXe siècle, la voie vers l'égalisation des scolarisations masculine et féminine est tracée. Cependant, les contenus d'enseignement demeurent nettement différenciés selon le sexe. La loi promeut l'égalité dans la différence : une égalité formelle et des différences bien réelles.

Dans l'enseignement secondaire, cette différenciation des programmes est, à sa création, particulièrement accentuée : le temps consacré à l'enseignement est moindre pour les filles afin de tenir compte de la puberté censée imposer plus de ménagement pour les filles que pour les garçons selon le corps médical, l'enseignement des mathématiques est allégé (l'incapacité des femmes dans ce domaine est tenue pour avérée), et le secondaire féminin ne permet pas aux filles d'accéder à l'enseignement du latin. L'égalité, ainsi conçue, au nom des différences de sexe, aboutit à une diffusion très inégale des savoirs selon le genre.

Créé par Camille Sée en 1880, dans la lignée de l'enseignement secondaire spécial de Victor Duruy, le secondaire féminin est particulier : en l'absence de latin il ne permet pas aux femmes d'accéder au bac et de poursuivre des études supérieures. Les perspectives qu'il ouvre sont limitées au brevet élémentaire (passé à la fin de la troisième année) et au brevet supérieur (accessible en fin de cinquième année). Le cursus de cet enseignement secondaire offre donc une carrière scolaire voisine de celle des EPS. L'ouverture d'une sixième année dans les lycées et la création des ENS constituent un changement notable : de celles-ci sortiront les futures « professeures » des écoles normales d'institutrices et des écoles primaires supérieures. Le certificat d'aptitude à l'enseignement secondaire apporte aux filles un de leurs tout premiers débouchés professionnels dès la fin du XIXe siècle.

Le faible accès des femmes aux études supérieures tient à l'absence de latin et de grec dans leur enseignement secondaire. Les filles désireuses de préparer le bac s'inscrivent alors dans des écoles privées de jeunes filles qui préparent à ce diplôme. Ces filles constituent une infime minorité. La réforme de 1902, en supprimant l'exclusivité de la culture gréco-latine (qui sera réservée à la filière A), va permettre de poursuivre des études sans grec dans les filières B (latin-langues) et C (latin-sciences) et même sans grec ni latin dans la filière D (langues-sciences) [Isambert-Jamati, 1995]. Initialement, la réforme de 1902 ne modifie pas sensiblement la situation des filles : seule la filière D, sans latin, leur devient directement accessible. Or cette filière n'est guère intéressante : en l'absence de latin, l'accès à certaines filières de l'université est impossible, par exemple en médecine et en droit. Ce n'est qu'à partir de 1908 que les filles ont la possibilité de suivre, dans les établissements publics, un enseignement accéléré de latin qui leur permet d'accéder aux filières B (latin-langues) et C (latin-sciences). Cependant, si l'accès des filles au bac devient moins difficile et plus intéressant à partir de 1908, leurs études secondaires n'ont formellement pas cette finalité.

Ce n'est qu'en mars 1924 que le ministre Bérard institue un enseignement secondaire féminin, de type facultatif, en tous points identique à l'enseignement masculin. Il aura fallu près d'un demi-siècle, entre la loi Camille Sée (1880) et le décret Bérard, pour que soit reconnu aux femmes un enseignement secondaire leur apportant formellement les mêmes possibilités d'étudier que celles offertes aux jeunes gens de leur âge.

Hormis l'accès des femmes à certaines écoles réservées aux hommes, telles que Polytechnique qui, en raison de son statut militaire, s'ouvre aux filles seulement en 1972, la marche vers l'égalisation des conditions de scolarisation des deux sexes est achevée, pour l'essentiel, avant la Seconde Guerre mondiale. Mais l'égalisation de droit n'assure pas forcément une égalité de fait.

3. 1880-1950 : l'accès des filles au secondaire

Les grandes lois de la IIIe République destinées à la scolarisation des filles à la fois dans l'enseignement élémentaire et le post-primaire vont radicalement modifier l'accès des filles aux savoirs. Il faut, pour saisir l'ampleur des transformations réalisées, comparer l'évolution de la situation des filles dans les divers types d'enseignement de l'époque : le secondaire, l'enseignement primaire supérieur (EPS), l'enseignement technique et les cours complémentaires (CC) publics et privés. Si l'époque est marquée par une croissance considérable de la scolarisation dans le post-élémentaire, le phénomène le plus spectaculaire tient surtout au rattrapage de la scolarisation féminine.

EFFECTIFS DES GARÇONS ET DES FILLES SCOLARISÉS DANS LES ENSEIGNEMENTS POST-ÉLÉMENTAIRES
(en milliers)

	Secondaire		*EPS**		*CC***		*Technique*	
	G	*F*	*G*	*F*	*G*	*F*	*G*	*F*
1891a	60,2	6,4	19,7	7,3	9,9	4,0	3,2	1,6
1938b	134	61,6	50,7	54,5	65,3	102	44,6	15,2
b/a	2,2	9,6	2,6	7,5	6,6	25,5	13,9	9,5

* Enseignement primaire supérieur.
** CC : Cours complémentaires.
Note de lecture : 60 200 garçons sont scolarisés dans l'enseignement secondaire en 1891. Cet effectif a été multiplié par 2,2 de 1891 à 1938.

Sur l'ensemble de l'enseignement post-élémentaire (secondaire, EPS, CC, technique), l'effectif total des filles scolarisées passe de 19 300 en 1891 à 236 700 en 1938. Bien qu'elle soit imputable, pour une partie, à la croissance démographique, la progression de la scolarisation féminine est exceptionnelle. Comparativement, celle des garçons est plus modeste (de 93 000 en 1891 à 294 500 en 1938). Le phénomène le plus sensible tient au renversement des écarts entre les deux sexes pour l'EPS et les CC.

Certes, la scolarisation totale des garçons est encore un peu plus importante que celle des filles car la part de celles-ci reste modeste dans l'enseignement secondaire le plus prestigieux : en 1938, l'effectif des garçons scolarisés dans le secondaire (134 000) est en effet encore très largement supérieur à celui des filles (61 600). Cette inégalité, héritière d'une histoire limitant les scolarités des filles dans le secondaire, prendra fin dès le rattachement des EPS au secondaire, sous la forme des collèges modernes, en 1941 et la transformation des cours complémentaires en collèges d'enseignement général en 1959 (*cf.* chapitre III). Les données recueillies indiquent tout le parti que les filles vont tirer de l'unification des enseignements post-élémentaires mise en place progressivement par Carcopino, Berthoin, Fouchet et Haby lorsque l'enseignement primaire supérieur et les cours complémentaires vont se fondre totalement dans un secondaire unifié. L'égalité des scolarités des deux sexes au collège et au lycée au cours de la seconde moitié du XXe siècle s'est préparée dès la fin du XIXe siècle avec le développement des cours complémentaires, rattachés au primaire, dont les filles ont largement profité.

4. Filles et garçons au lycée : identiques et différents ?

La période 1950-2000 est marquée par des transformations majeures. Au début des années soixante-dix, les bachelières deviennent en effet plus nombreuses que les bacheliers et l'écart entre les deux sexes s'accentue progressivement au profit des filles jusqu'en 1980. À cette date, elles représentent 58 % des bacheliers. Sur les années quatre-vingt-deux mille, cette proportion a en revanche légèrement décru (54 % en 2000). Sur les quinze dernières années du XXe siècle, la croissance des bacs professionnels a favorisé la poursuite des scolarités masculines si bien que la suprématie numérique des filles, établie depuis 1971, s'est érodée légèrement. Autre façon de montrer que la mesure des compétences des deux sexes et la réussite au bac sont dépendantes de la définition des programmes scolaires.

Les filières des lycées sont très spécialisées selon le genre. Dans les filières générales, les filles représentent 58,2 % des bacheliers en 2000 et cette proportion est approximativement stable sur les dix dernières années du XXe siècle, tout comme les différenciations propres à chaque série : les filles sont largement dominantes dans les filières littéraires (plus de 80 %) ; majoritaires en sciences économiques et sociales (61 % en 1990, 64 % en 2000) ; minoritaires dans les séries scientifiques (44,7 % dans les séries C et D en 1990 ; 44,2 % en série S en 2000).

La spécialisation sexuée des filières est également présente dans les séries technologiques. Très minoritaires dans les séries STI (sciences et technologies industrielles) avec moins de 7,4 % des admis au bac, les filles sont majoritaires dans les séries STL (sciences et technologies de laboratoire) et STT (sciences et technologies tertiaires) avec respectivement 54,8 % et 65,9 % des admis en 2000. Sur l'ensemble des bacs technologiques, les filles représentent plus de la moitié des admis au bac.

Enfin, dans les séries professionnelles, à l'exception des quelques séries dans des domaines traditionnellement féminins (bureautique, commerce, hygiène et environnement, service accueil-assistance-conseil) dans lesquelles les filles sont majoritaires, la majorité des bacheliers sont des garçons (57 % en 2000).

Dans les séries générales, technologiques et professionnelles, les filles ont constamment des taux de réussite au bac supérieurs à ceux des garçons, à l'exception de quelques bacs spécifiques (le bac technologique électronique ou le bac professionnel « maintenance auto »). À cette aune, les filles peuvent être considérées, de façon moyenne, comme de « meilleures élèves ».

5. Le supérieur : des parcours fortement sexués

Pratiquement interdites d'accès au baccalauréat et aux études supérieures avant la réforme de 1902 et sa mise en œuvre en 1908 dans les établissements publics, les femmes ont, de façon rapide et continue, accédé à l'université au cours de la première moitié du XXe siècle. Dès 1950, elles constituent le tiers (33,6 %) des 140 000 étudiants alors qu'elles n'en constituaient que 3,3 % en 1900. Cette proportion moyenne recouvre une dispersion assez sensible : dans les études de lettres, les femmes sont à parité avec les étudiants avant la Seconde Guerre mondiale. Dans les études de sciences et plus encore de médecine, le rattrapage est plus lent.

EFFECTIFS DES ÉTUDIANTS DES DEUX SEXES (1900-1950)
(total en milliers, effectifs féminins en %)

	Droit		*Sciences*		*Lettres*		*Médecine*	
	Total	*dt. F*	*Total*	*dt. F*	*Total*	*dt. F*	*Tot.*	*dt. F*
1900	10	0,2 %	4	2,5 %	4	6,5 %	9	6,0 %
1930	21	12,3 %	16	20 %	18	49,5 %	18	18,8 %
1950	39	25,8 %	27	25 %	36	54,5 %	30	22,6 %

Note de lecture : en 1900, 10 000 étudiants sont scolarisés en droit, 0,2 % sont des femmes (ce tableau ne comprend pas toutes les disciplines).

La progression soutenue de la scolarisation des filles dans l'enseignement supérieur au cours de la première partie du XXe siècle ne se ralentit nullement ultérieurement et notamment à la fin du siècle. De 1990 à 1999, le progrès moyen réalisé est en effet soutenu. Sur l'ensemble des étudiants inscrits à l'université, la part des filles passe de 53,5 % à 57,1 % (soit + 3,6 points). On mesure le chemin immense parcouru depuis 1900, où les filles représentaient moins de 4 % des étudiants… Cette croissance de la scolarisation demeure toujours marquée par la différenciation sexuée des études qui prend sa source dans l'enseignement secondaire. Les grandes spécialisations disciplinaires qui caractérisent le début du XXe siècle sont toujours présentes à la fin de celui-ci avec la quasi-hégémonie des filles dans les lettres et leur place toujours limitée en sciences.

PART DES FILLES INSCRITES À L'UNIVERSITÉ EN 1990 ET 1999
(France métropolitaine + DOM, en %)

	Droit	*Eco-AES*	*Lettres* [a]	*Sciences*	*Santé*	*Total*
1990	55,6	47,7	70,1	34,8	50,3	53,5
1999	61,6	51,5	70,5	36,8	57,3	57,1

a : « Lettres », y compris langues et sciences humaines.

Source : MEN, *Repères et références statistiques* [1992], *Note d'information* n° 5 [2001].

En 1990, les filles sont encore minoritaires en sciences économiques et à parité dans les filières de la santé (médecine, pharmacie, odontologie). À la fin du XXe siècle, elles deviennent majoritaires dans ces filières. Leur progression dans les filières de la santé est particulièrement soutenue (+ 7 points). C'est en sciences, filière dans laquelle elles sont traditionnellement le moins présentes, que leurs progrès sont aussi les plus limités, conditionnés par leur place stable en terminale scientifique. Les spécialisations disciplinaires ne s'affaiblissent donc pas.

Cette progression globale des filles dans l'enseignement supérieur, même dans la filière scientifique, est *a priori* étonnante étant donné que la part des filles parmi les bacheliers a globalement faibli au cours de la dernière décennie du XXe siècle. En fait, il faut tenir compte de plusieurs facteurs qui agissent dans le sens de la poursuite de leurs études. D'abord, l'accès des garçons au bac s'est réalisé grâce aux filières professionnelles qui amènent plus rarement des poursuites d'études. Ensuite, les filles obtiennent leur bac plus jeunes que les garçons et les recherches montrent que cet avantage de scolarité se transforme en poursuite d'études plus fréquente. Enfin, la poursuite plus fréquente des études serait pour les filles un moyen de compenser l'effet de formations moins reconnues et/ou le sexisme du fonctionnement du marché du travail.

Ce bilan de la différenciation des parcours des deux sexes à l'université nécessite d'être complété par la connaissance des inégalités d'accès dans les principales filières de l'enseignement supérieur. Majoritaires dans les universités (57,1 % des étudiants en 1999) et les sections de techniciens supérieurs (51,1 %), les filles sont nettement minoritaires dans les IUT (39,7 %) et les classes préparatoires aux grandes écoles (38,8 %). Dans celles-ci, les inégalités d'accès sont particulièrement marquées dans les séries scientifiques, tout particulièrement dans les séries qui permettent d'accéder aux écoles les plus reconnues et notamment les « grandes écoles ». De la terminale scientifique à celles-ci, la sélection scolaire concerne toujours plus vivement les filles que les garçons [Ferrand *et al.*, 1999]. Toutefois, même dans les CPGE scientifiques, la progression des filles est sensible sur les quinze dernières années. Alors que dans ces filières très sélectives les filles ne représentent, en 1985, qu'un étudiant sur cinq (20,5 %), elles en constituent, en 2000, plus d'un sur quatre (26,5 %). Parallèlement, dans les filières littéraires des CPGE, les filles ont accru leur hégémonie : 68,9 % en 1985, 75,5 % en 2000.

6. La scolarité des filles : entre contraintes et choix

L'inégale répartition des filles dans les différentes filières des enseignements secondaire et supérieur est la marque d'une égalisation incomplète des chances scolaires. Les raisons d'une telle inégalité ont suscité recherches et polémiques opposant, d'une façon schématique, ceux qui pensaient les inégalités sexuelles de cursus comme le résultat de déterminations sociales à ceux qui comprenaient les différences de trajectoires scolaires comme l'effet de choix rationnels.

Dans les recherches, la ligne de rupture se situe dans la pondération accordée aux déterminants macrosociologiques, les stéréotypes de sexe et la socialisation familiale tout particulièrement. Pour expliquer la sous-représentation des filles dans certaines filières, Baudelot et Establet [1992] développent une approche « culturaliste » afin d'expliquer pourquoi, à compétence égale à celle des garçons, les filles s'orientent moins fréquemment vers les sections scientifiques les plus valorisées scolairement et socialement. L'intériorisation des stéréotypes de sexe expliquerait cette inégalité de parcours scolaires. Les filles seraient moins préparées « à goûter les plaisirs de la lutte ». Chaque fille organiserait sa scolarité « sur la base de valeurs et de modèles de comportement autour desquels elle a été invitée à construire, très tôt, son identité sociale ».

Duru-Bellat [1990] a développé une explication dans laquelle les orientations féminines se construisent davantage par la prise en compte des contraintes spécifiques qui pèsent sur l'insertion sociale des filles. Celles-ci seraient guidées par des choix « raisonnés et raisonnables » prenant en compte les contraintes spécifiques de la vie domestique et conjugale, le fonctionnement du marché du travail et notamment les opportunités d'emploi dans le secteur tertiaire en forte croissance tout au long de la seconde moitié du XXe siècle. Le développement considérable de la scolarisation féminine aurait été à la conjonction d'une offre de formation adaptée, notamment les filières technologiques tertiaires, et de perspectives d'emplois auxquelles ces formations préparaient.

Paradoxe de l'histoire, le développement de la scolarisation des filles n'a guère été conçu à des fins de promotion professionnelle, d'émancipation individuelle et d'égalisation des chances. Les politiques scolaires ont généralement poursuivi des buts plus modestes : limiter l'influence de l'Église, favoriser une éducation féminine post-primaire. L'analyse des transformations survenues amène-t-elle à conclure au « renversement des inégalités entre les sexes » [Duru-Bellat, Kieffer et Marry, 2001] ? Ce renversement est pourtant incomplet compte tenu des spécialisations disciplinaires selon le genre qui écartent les femmes des filières les plus prestigieuses et des positions professionnelles les plus recherchées.

L'égalisation des parcours scolaires des deux sexes est donc aux confins d'une histoire aux dimensions multiples : celle du fonctionnement de l'école, du développement économique et de l'organisation des structures familiale et conjugale. Dans le jeu de ces influences croisées, l'effet du développement économique est certes déterminant mais ne doit pas être surestimé. Une façon très globale de saisir l'effet de celui-ci est de comparer le niveau de scolarisation des deux sexes dans des pays dont le développement économique est très différent.

Que constate-t-on ? Dans les pays de l'OCDE, la proportion des titulaires d'un diplôme de fin d'études secondaires dans la population globale est évidemment variée : il existe des pays où ce taux de diplômés dépasse les 90 % pour les deux sexes (Autriche, Allemagne, Islande, Japon, Pays-Bas, Nouvelle-Zélande), des pays où ce taux dépasse les 80 % (Finlande, France, Grèce, Irlande…) et des pays où cette proportion est inférieure à 80 % (Canada, États-Unis, Portugal, Espagne…). Partout, cependant, la proportion des titulaires d'un diplôme de fin d'études secondaires est supérieure pour les filles, avec parfois des différences très notables en faveur des filles, notamment en Grèce, Finlande, Irlande… [OCDE, 2000].

Le résultat le plus étonnant tient au fait que, dans la majorité des pays en voie de développement dans lesquels les taux de diplômés du secondaire sont inférieurs à 50 % (Argentine, Brésil, Turquie, Paraguay, Indonésie…), le taux de diplômés reste plus élevé pour les filles. Ce résultat montre qu'un développement économique faible n'est pas la variable explicative de la sous-scolarisation des filles même si la faiblesse du niveau économique est, dans quelques rares pays, associée à cette sous-scolarisation.

Au niveau international, un autre fait majeur tient à la spécialisation sexuelle des compétences. La situation française est en ce sens des plus commune. Au niveau mondial, les filles occupent, partout ou presque, des positions majoritaires dans les filières des lettres, du travail social, de la santé et de l'enseignement. Elles sont en revanche toujours minoritaires dans les formations traditionnellement masculines d'ingénieurs, de mathématiciens et de techniciens. Comme l'indiquent Baudelot et Establet [2001], « il y a du Cro-Magnon dans cet espace universitaire fin de siècle ».

V / Origine sociale et trajectoires scolaires

Le constat d'un lien entre origine sociale et trajectoires scolaires est ancien. Ce constat est intuitif et familier aux élites du XVIIIe siècle. Les inégalités d'accès à l'école selon la situation sociale sont même revendiquées comme nécessité économique et politique afin de maintenir la richesse et l'ordre social (*cf.* chapitre I).

La pensée dominante du XVIIIe siècle est sur ce point un prolongement d'une partie de la philosophie grecque. La *République* de Platon constitue une référence incontournable : « Dieu vous a formé différents. Ceux d'entre vous qui ont la capacité d'exercer l'autorité sont le produit d'un mélange où Il a fait entrer de l'or, et ils sont d'une très grande valeur ; les auxiliaires ont un mélange d'argent ; le fer et le bronze ont servi pour la création des paysans et des autres métiers [...]. En principe vos enfants doivent vous ressembler » [Platon, 1995]. Toutefois, pour Platon, cette justification du monde inspirée directement du poète Hésiode (*Les Travaux et les Jours*) n'est qu'un « mensonge » et une « fable ». Censée éviter la « ruine » de la Cité, cette justification a pour objet de rappeler à chacun la place qui est la sienne et l'éducation plus ou moins étendue qu'il doit recevoir en conséquence.

En 1865, la création par Victor Duruy d'un enseignement secondaire spécial sans latin repose sur une conception comparable de l'éducation : chaque classe sociale doit disposer d'un enseignement qui lui est propre. Entre les études longues du secondaire réservées aux futures élites et les premiers rudiments de l'instruction dispensés par la communale aux catégories populaires, il faut une filière destinée aux classes moyennes. La réforme des enseignements de 1902 est également caractéristique des conceptions éducatives de l'époque. Ainsi, lorsque la réunion des classes primaires destinées aux enfants du peuple et des classes élémentaires des « petits lycées » réservées aux enfants de la bourgeoisie est envisagée, le projet est jugé révolutionnaire : les enfants de chaque classe sociale ne doivent pas se côtoyer sur les mêmes bancs. Au XIXe siècle, comme dans la première partie du XXe siècle, l'existence de deux écoles – celle des notables et celle du peuple – ne constitue donc pas une invention *a posteriori* des historiens.

Durkheim [1922], fondateur de l'École française de sociologie et dont les analyses ne sont guère tourmentées par la question des classes sociales, n'est pas ignorant également de cette réalité sociale et politique de l'école : « Aujourd'hui encore, ne voyons-nous pas l'éducation varier avec les classes sociales, ou même avec les habitats ? Celle de la ville n'est pas celle de la campagne, celle du bourgeois n'est pas celle de l'ouvrier. » Toutefois, parallèlement à cette connaissance sociologique de l'école, de nombreux discours, notamment lors de la remise de prix aux élèves méritants, constituent une dénégation de ces inégalités sociales des parcours scolaires : seuls le mérite et le talent individuel sont censés expliquer les différences de trajectoires scolaires.

1. Les premiers constats

Si les inégalités sociales des trajectoires scolaires étaient intuitivement connues, la mesure de celles-ci restait à établir de façon rigoureuse. L'étude la plus marquante a été réalisée, en 1962, par l'INED (Institut national des études démographiques). Cette grande enquête nationale a porté sur plus de 20 000 élèves dont la scolarité et tout particulièrement les modalités d'orientation ont été étudiées. Un des constats principaux de cette enquête tient à l'inégalité sociale des orientations à la sortie du CM2. Les enfants d'origine populaire (sans profession, salariés agricoles, ouvriers) sont orientés massivement, pour 80 % d'entre eux, vers les CEG (collèges d'enseignement général) ou les classes de fin d'études primaires, offrant, les premiers comme les secondes, une scolarité raccourcie. Une minorité d'entre eux poursuit sa scolarité en lycée. *A contrario*, les enfants de cadres supérieurs entrent très majoritairement en lycée, à hauteur de 75 % [Girard et Bastide, 1970]. Alors même que la gratuité de l'enseignement secondaire, réalisée en 1930, devait permettre à tous, indépendamment de l'origine sociale, d'accéder au lycée, celui-ci accueille de façon privilégiée les enfants d'origine supérieure.

Le constat le plus essentiel est ailleurs : ces inégalités d'orientation ne s'expliquent qu'en partie par les différences de résultats scolaires : de bons, voire excellents élèves d'origine populaire sont orientés vers les CEG alors que des élèves moyens et parfois médiocres d'origine aisée se retrouvent au lycée. Autrement dit, les inégalités des trajectoires scolaires ne s'expliquent pas, pour une part non négligeable, par les différences de résultats scolaires des élèves. Le fonctionnement de l'orientation scolaire est, en ce sens, non méritocratique : ce ne sont pas seulement les compétences scolaires, le « mérite », les « aptitudes » ou le « talent » des élèves qui fondent leur orientation. D'autres critères tels que l'origine sociale exercent un effet propre si bien que, à compétences scolaires identiques, les enfants d'origine aisée passent plus facilement dans la classe supérieure et dans des sections scolaires plus reconnues. Depuis l'étude initiale de l'INED, ce constat a été constamment vérifié [Duru-Bellat, 1988 ; Jarousse et Labopin, 1999].

Baudelot et Establet [1971], dans *L'École capitaliste en France*, ont entrepris une démarche différente : une analyse sociopolitique de l'organisation scolaire. Les données qu'ils rassemblent ont pour objet de montrer que le collège d'enseignement secondaire (CES), créé par Fouchet en 1963 (*cf.* chapitre III), est en fait une école divisée. L'étude du recrutement social des élèves scolarisés dans les filières du premier cycle de l'enseignement secondaire laisse supposer l'existence de deux réseaux de scolarisation que la réforme Fouchet ne fait que masquer. Dans le premier réseau, désigné par l'expression « secondaire supérieur » et composé des filières classique et « moderne long », les enfants d'origine aisée sont surreprésentés. À l'opposé, dans le second réseau dit « primaire professionnel », qui réunit la filière « moderne court » (anciens CEG) et les classes de transition, les enfants d'origine populaire sont majoritaires. Selon Baudelot et Establet, ces deux réseaux constituent une manifestation de la division de la société en classes : le réseau primaire professionnel débouche sur le « travail exploité », le réseau secondaire supérieur permet d'accéder au « pouvoir bourgeois ». L'histoire de l'institution scolaire, tout particulièrement l'existence des EPS, ne conforte pas cette analyse en deux réseaux, même si, à ses extrêmes, les filières du CES scolarisent, de façon très distincte, des populations dont les origines sociales sont clairement séparées, bourgeoises d'un côté, prolétaires de l'autre.

Les inégalités sociales des cursus scolaires sont présentes à tous les degrés de l'enseignement. Elles sont particulièrement marquées parmi les étudiants, comme Bourdieu et Passeron [1964] l'ont montré. En 1961, 13 000 étudiants sont d'origine ouvrière et la population ouvrière active s'élève à 7 millions, soit moins de deux étudiants d'origine ouvrière pour 1 000 actifs ouvriers (13 000 par rapport à 7 millions). À l'autre extrême de la hiérarchie sociale, 60 000 étudiants sont des enfants de professions libérales et cadres supérieurs alors que cette population d'actifs ne s'élève qu'à 760 000, soit près de 80 étudiants pour 1 000 actifs. Les inégalités sociales d'accès aux études supérieures sont donc considérables : l'enfant de cadre a *grosso modo* quarante fois plus de chances de devenir étudiant que l'enfant d'ouvrier. La conclusion de Bourdieu et Passeron n'est guère contestable : le monde des étudiants est d'abord et surtout celui des *héritiers*. La croissance soutenue des effectifs étudiants tout au long de la première partie du XXe siècle a quasiment exclu les enfants d'origine populaire. La mise en évidence de ces inégalités scolaires n'est pas propre à la France. À la même époque, des recherches de même type ont été réalisées dans les autres pays développés et ont débouché sur des résultats comparables aussi bien aux États-Unis [Coleman *et al.*, 1966] que dans les autres pays européens [Forquin, 1982].

Ces premiers travaux ont marqué leur époque : alors que l'égalité des chances semblait devoir être acquise grâce à la conjonction de la gratuité et de l'unicité formelle des cursus scolaires, des inégalités de trajectoires scolaires considérables séparent toujours les différents milieux sociaux. Une question centrale restait toutefois en grande part inexplorée : les inégalités des trajectoires scolaires selon le statut social sont-elles stables ? S'atténuent-elles ou s'accentuent-elles ?

Enfants d'immigrés et réussite scolaire

Les chercheurs se sont aussi intéressés aux effets de l'origine nationale des élèves sur la trajectoire scolaire. Contrairement à une idée commune, le fait d'être un « enfant d'immigré » est une variable sociale qui ne nuit pas à la réussite scolaire [Vallet et Caille, 2000]. Sur ce point, l'opinion publique émet un avis contraire. Son erreur provient des observations réalisées spontanément : sur cent élèves pris au hasard, enfants d'immigrés et de non-immigrés, le pourcentage d'échec est plus important dans le premier groupe que dans le second. Une telle approche ne peut être généralisée sans précautions, étant donné que les enfants d'immigrés sont beaucoup moins souvent que les enfants de non-immigrés des enfants de cadres pour lesquels la réussite scolaire est plus fréquente. Quand l'analyse établit des comparaisons « toutes choses égales par ailleurs », notamment à origines sociales identiques, les enfants d'immigrés connaissent une réussite scolaire identique à celle des enfants de non-immigrés.

2. L'analyse des inégalités sur longue période

Sur longue période, en l'occurrence au cours du XXe siècle, l'analyse des inégalités sociales des trajectoires scolaires pose de redoutables problèmes. Quelles filières faut-il comparer ? Pour quel niveau d'études faut-il mener la recherche : l'accès en sixième, en troisième, au bac, aux études supérieures ? Plusieurs recherches ont tenté de répondre à ces questions. Elles parviennent toutes à un résultat commun qui découle directement des données présentées aux précédents chapitres : l'accès à l'enseignement s'est considérablement élargi. Ce consensus n'exclut pas les désaccords sur le point le plus délicat de l'analyse : la réduction ou non des inégalités des cursus selon l'origine sociale.

Thélot et Vallet [2000] ont mené une étude sur l'évolution de la destinée scolaire des générations nées de 1908 à 1972. Ces auteurs concluent à la « réduction des inégalités sociales devant l'école ». Cette formulation n'est pas sans ambiguïtés. Il faut en effet craindre un glissement de sens entre la réduction des inégalités à tel ou tel niveau de diplôme – par exemple, au niveau du brevet, du baccalauréat ou de la licence – et la réduction des inégalités *devant l'école*. Ces deux notions sont en partie différentes. Les auteurs ne mesurent pas en effet les inégalités au-delà du niveau licence qui accueille pourtant près de 20 % d'une classe d'âge en 1995. Leur analyse historique aurait sous-estimé le phénomène de déplacement des inégalités à des niveaux plus élevés de scolarité et les « raretés relatives de chaque diplôme » [Merllié, 1985].

Duru-Bellat et Kieffer [2000] ont également mené une étude sur longue période des inégalités sociales de cursus scolaire. Ces auteurs constatent un élargissement social incontestable et considérable de l'entrée en sixième. Cependant, parmi les élèves entrés en sixième, l'accès en seconde générale et l'obtention du bac restent marqués, sur longue période, par des inégalités sociales *grosso modo* stables entre les enfants de cadres et les enfants d'ouvriers. Autrement dit, une fois généralisé l'accès au collège, les parcours scolaires restent, avec constance, socialement sélectifs et différenciés après la classe de troisième. L'évolution des taux de passage de troisième en seconde des enfants de cadres et d'ouvriers appartenant aux générations nées pendant trois périodes (avant 1939, de 1949 à 1953 et de 1964 à 1973) le montre nettement.

TAUX DE PASSAGE DE TROISIÈME EN SECONDE
SELON LA CATÉGORIE SOCIOPROFESSIONNELLE DU PÈRE
(en %)

	Avant 1939	*1949-1953*	*1964-1973*
Cadres (1)	90,5	91,4	90,7
Ouvriers (2)	51,4	63,8	46,6
(1) – (2)	+ 39,1	+ 27,6	+ 44,1
(1) / (2)	1,76	1,43	1,95
Odds ratio (*)	9,0	6,0	11,2

(*) Voir encadré ci-après.

Lecture : 90,5 % des enfants de cadres nés avant 1939 et scolarisés en classe de troisième passent en classe de seconde.

Source : Duru-Bellat et Kieffer [2000].

Plus généralement, Duru-Bellat et Kieffer concluent à un déplacement, sur le long terme, des inégalités sociales des carrières scolaires du premier vers le second cycle. Sur des périodes

La mesure des inégalités de cursus scolaires

Pour mesurer les inégalités de cursus scolaires, trois indicateurs sont particulièrement utilisés : les différences de taux, les rapports de taux ou coefficients multiplicateurs, l'*odds ratio*.

Sur le tableau précédent, les différences de taux de passage de la troisième à la seconde sont, pour les générations nées avant 1939, égales à 39,1 points (90,5 % – 51,4 %) et à 44,1 points (90,7 % – 46,6 %) pour celles nées de 1964 à 1973. Pour les mêmes périodes, le coefficient multiplicateur est respectivement égal à 1,76 (90,5/51,4) et 1,95. Quel que soit l'indicateur sollicité, l'inégalité de passage selon l'origine sociale a donc augmenté.

Certaines situations sont plus complexes. Soit, par exemple, un taux d'accès à l'enseignement long passant de 37 % à 62 % pour les enfants de cadres, et un taux passant de 1 % à 10 % pour les enfants d'ouvriers, l'inégalité des chances a-t-elle augmenté ou diminué ? [Combessie, 1984 ; Vallet, 1988]. La comparaison des coefficients multiplicateurs (62/37 = 1,7 et 10/1 = 10) incite à conclure à une diminution des inégalités alors que la comparaison des différences des taux d'accès aboutit à une conclusion inverse : (62 – 37) > (10 – 1).

L'*odds ratio*, troisième indicateur, compare les chances d'être scolarisé plutôt que non scolarisé à deux périodes données. Pour la première période (notée t1), ce rapport de chances, pour un enfant de cadres, est égal à : $P_{Ct1}/(1 - P_{Ct1})$ où P_{Ct1} est la probabilité pour un enfant de cadres d'être scolarisé et $(1 - P_{Ct1})$, son complémentaire, la probabilité d'être non scolarisé. Ce rapport de chances est égal à : 0,37/(1 – 0,37), soit 0,587. À la première période, un enfant de cadres a donc moins de chances d'être scolarisé que non scolarisé. Pour la seconde période, le même rapport est égal à 0,62/(1 – 0,62), soit 1,623. Un enfant de cadres a donc, en t2, plus de chances d'être scolarisé que non scolarisé.

Dans cet exemple, l'*odds ratio* est égal à ces rapports de chances, soit 2,778 (1,623/0,587). Cette valeur exprime le fait qu'entre la première et la deuxième période le rapport des chances qu'un enfant de cadres soit scolarisé plutôt que non scolarisé a été multiplié par 2,778. Pour les enfants d'ouvriers, l'*odds ratio* est égal à 11. Les inégalités de chances entre les enfants de cadres et d'ouvriers ont donc baissé puisque le rapport des chances d'être scolarisé plutôt que non scolarisé a augmenté davantage pour les seconds que pour les premiers. Le résultat est le même en calculant, en t1 et t2, le rapport des chances d'être scolarisé plutôt que non scolarisé des enfants de cadres par rapport aux enfants d'ouvriers. On obtient alors, en t1, 58,1 (0,587/0,010), et 14,68 en t2. Le résultat est donc le même que précédemment : les inégalités ont baissé.

Les deux premiers indicateurs présentés, la différence et le rapport de taux, sont très sensibles aux valeurs des taux comparés. L'*odds ratio* a une propriété remarquable : il est indépendant des valeurs des taux comparés.

à ttes chos égls / ailleurs
ods ratio mise en evidence

plus récentes de l'institution scolaire, un constat de même ordre avait déjà été réalisé [Œuvrard, 1979 ; Merllié, 1985]. Du fait de l'ouverture du collège, les inégalités d'entrée en sixième se retrouvent, à la fin du siècle, au niveau de l'entrée en seconde. Cette évolution particulière exclut l'existence d'une « véritable démocratisation ».

Avec une méthodologie différente, Goux et Maurin [1995, 1997] étaient parvenus à un résultat de même ordre. La généralisation de l'accès aux études et aux diplômes n'a pas relâché le lien entre origine sociale et niveau de diplôme. À l'exception des enfants d'agriculteurs qui ont bénéficié plus que d'autres groupes sociaux de l'allongement des études dans l'enseignement supérieur, les écarts entre les différents groupes sociaux sont restés stables.

Le résultat de Goux et Maurin, conforté par la recherche de Duru-Bellat et Kieffer précitée, ne distingue pas le système éducatif français de la majorité des systèmes éducatifs étrangers. Les comparaisons internationales [Shavit et Blossfeld, 1993] montrent que l'accès à l'école, dans les pays développés, s'est sensiblement élargi. Cependant, la généralisation de l'enseignement n'a pas, de façon générale, modifié les hiérarchies sociales d'accès aux différents niveaux d'études qui ont connu un mouvement de translation vers des niveaux plus élevés. À l'exception de la Suède et des Pays-Bas, les inégalités sociales de scolarisation sont restées *grosso modo* stables dans onze des treize pays étudiés dans l'ouvrage de Shavit et Blossfeld. Ces données sont confortées par Duru-Bellat et Kieffer [2000]. Ces auteurs montrent en effet, sur les années vingt-soixante-dix, que les inégalités face à l'éducation en fonction de la profession du père sont stables dans la majorité des pays européens.

3. Collèges et lycées : quelles inégalités sociales ?

Dans les recherches précédentes, l'analyse sur longue période nécessite d'avoir recours à des indicateurs statistiques qui valent pour la longue durée. Ainsi, les études se focalisent notamment sur l'accès en sixième, l'entrée en seconde, l'obtention du baccalauréat. Cette contrainte de la recherche ne permet pas de connaître les différenciations sociales intrafilières, propres à chaque niveau de scolarisation.

Or l'unification du collège n'est pas totale. Lorsqu'il est question de l'accès en troisième, il est fait implicitement l'hypothèse qu'il existe un seul type de classes de troisième ou du moins qu'elles sont comparables entre elles. Cette hypothèse n'est pas vérifiée : la diversification du collège apparaît dès la classe de sixième avec les enseignements adaptés et à partir de la classe de quatrième avec la série technologique. La spécificité sociale de ces classes est d'accueillir massivement des enfants d'origine populaire : dans les troisièmes technologiques, qui représentent 8 % des élèves de troisième en 2000, les trois quarts des élèves ont des parents ouvriers, employés, chômeurs ou « sans activité » [MEN, 2001]. Le même constat vaut pour l'enseignement adapté. Ces sections, souvent stigmatisées et parfois définies comme des sections de relégation, constituent une sorte de prolétariat scolaire : dans ces classes, le niveau moyen de compétences des élèves est inférieur à celui des autres classes de troisième. L'avenir scolaire des élèves de ces sections est aussi plus court et l'horizon professionnel assez limité. Pour ces raisons, l'étude de la démocratisation de l'enseignement ne peut se satisfaire sans réserve d'indicateurs statistiques globaux tels que l'accès en classe de troisième.

Le constat est le même dans le second cycle : les filières générales, technologiques et professionnelles se caractérisent par des recrutements sociaux assez différenciés. Ce constat est déjà ancien [Convert et Pinet, 1989 ; Merle et Mear, 1992]. Les séries générales et surtout la série scientifique accueillent préférentiellement les enfants d'origine aisée alors que les filières technologiques et professionnelles scolarisent surtout les enfants d'origine populaire. Dans quelle mesure l'explosion de la scolarisation en lycée entre 1985 et 1995 a-t-elle transformé cette différenciation sociale des filières ? C'est aussi à cette aune que se pose la question des inégalités sociales de trajectoires scolaires, d'autant plus que les différentes filières du bac n'offrent pas du tout les mêmes perspectives de poursuite des études dans l'enseignement supérieur [Blöss et Erlich, 2000].

Que constate-t-on ? La généralisation de l'accès au bac – de 1985 à 1995, la part d'une génération à obtenir le bac passe de 30 % environ à plus de 60 % – n'a pas modifié les inégalités sociales des cursus. Bien au contraire, entre 1985 et 1995, on remarque une transformation du recrutement des filières des lycées selon la règle suivante : quand une filière accueille un public plutôt d'origine populaire, cette origine sociale devient plus fréquente. À l'inverse, la série scientifique, celle qui accueille la proportion la plus élevée d'enfants d'origine aisée, ne s'ouvre pas socialement : entre 1985 et 1995, son recrutement social est marqué par une quasi-stabilité. Au cours de cette période, l'élargissement de l'accès au bac s'est donc accompagné d'une accentuation de la ségrégation sociale intrafilière. Diffusion de l'enseignement et accroissement des inégalités sociales des trajectoires scolaires ont donc été concomitants.

ORIGINE SOCIALE DES ÉLÈVES INSCRITS
DANS LES PRINCIPALES FILIÈRES DE L'ENSEIGNEMENT SECONDAIRE
(établissements publics, académie de Rennes, en %)

	1984-1985		*1994-1995*		*Variations*
	Moy-sup	*Pop*	*Moy-sup*	*Pop*	*Pop*
Term. S (C et D)	64,2	35,8	63,6	36,4	+ 0,6
Term. L (A)	56,1	43,9	54,3	45,7	+ 1,8
Term. ES (B)	53,0	47,0	51,2	48,8	+ 1,8
Term. STI (F)	42,2	57,8	38,3	61,7	+ 3,9
Term. STT (G)	42,0	58,0	37,4	62,6	+ 4,6
Term. Pro. (*)	34,6	65,4	29,5	70,5	+ 5,1
BEP (2de année)	35,1	64,9	27,5	72,5	+ 7,6

Lecture : 64,2 % des élèves inscrits en terminale S (ex. C et D) sont d'origine moyenne et supérieure en 1984-1985.

Note : Les élèves d'origine aisée et moyenne regroupent les enfants d'agriculteurs, artisans, commerçants, chefs d'entreprise, cadres et professions intellectuelles supérieures, professions intermédiaires.

(*) Année 1989-1990 et non 1984-1985.

Source : Merle [2000].

4. Le supérieur : une forte diversification sociale

Observé au niveau du second degré, le phénomène de différenciation sociale des filières est également présent au niveau de l'enseignement supérieur. À l'université, dans les filières de la

Inégalités géographiques et inégalités des chances

Depuis les constats réalisés par Maggiolo à la fin du XIXe siècle (chapitre I), comment les inégalités géographiques d'accès à l'école ont-elles évolué ? Les grands clivages de scolarisation séparant une France du Sud peu scolarisée à une France du Nord et de l'Est sur-scolarisée se sont sensiblement atténués sans pour autant que les chances d'accès aux études soient égales quelle que soit la région. Le pourcentage de bacheliers d'une génération par académie constitue à ce titre un indicateur pertinent. L'académie de Rennes arrive en tête du palmarès (plus de 70 % de bacheliers parmi les jeunes âgés de 18 ans en 1999), suivie des académies telles que Limoges, Clermont-Ferrand, Besançon, Nantes, Île-de-France... Les académies de Nice, Amiens, Bordeaux, Montpellier se situent en fin de peloton, avec moins de 60 %, voire moins de 55 % de bacheliers par génération [MEN, *Géographie de l'école*, 1999].

Ces taux de bacheliers par génération sont « bruts », c'est-à-dire qu'ils ne tiennent pas compte de la part de chaque groupe social dans chaque région. Or, sachant qu'environ 85 % des enfants de cadres ont le bac contre à peine la moitié pour les enfants d'ouvriers, les taux bruts ne rendent pas vraiment compte des différences de performance selon l'académie. Ainsi, dans l'académie d'Île-de-France, la proportion particulièrement élevée d'enfants de cadres (dont le taux de réussite au bac est important) explique le bon résultat obtenu mais n'informe nullement de la performance de cette académie. Pour avoir une mesure exacte de cette performance, il est possible de calculer un « taux attendu » qui serait celui atteint par l'académie si chaque enfant (de cadres, d'ouvriers...) réussissait de la même façon qu'au niveau national. Dans ce cas, l'Île-de-France a un taux brut de bacheliers inférieur au taux attendu (ce taux est élevé compte tenu de la structure sociale favorisée de cette académie). Contrairement aux apparences, l'Île-de-France est donc une académie plutôt moins performante que la moyenne. Il en est de même des académies de Strasbourg, Nice, Montpellier, Bordeaux [MEN, *L'État de l'école*, 1998] alors que les académies de Lille, Besançon, Rouen, Nancy-Metz, Limoges et Rennes sont particulièrement performantes et contribuent donc à l'égalisation des chances d'accès au bac.

Comment expliquer les différences de performance des académies ? Malgré des recherches menées, en 2000, sur les académies de Rennes et Limoges, il n'existe pas de réponses satisfaisantes à cette question, notamment parce que les facteurs de performance sont nombreux et qu'il est difficile de connaître l'effet spécifique de chacun d'eux. Par exemple, les académies les plus performantes – telles que Rennes, Clermont-Ferrand, Limoges – ont plus fréquemment que la moyenne nationale des classes avec peu d'élèves à la fois en premier et second cycles. Cette dotation avantageuse est susceptible de favoriser la réussite scolaire. Cependant, des académies également bien dotées, telles que Toulouse, ont des performances inférieures à la moyenne nationale. Enfin, des académies telles que Lille ont, en second cycle, une proportion plutôt faible de classes à effectifs réduits et ont pourtant de bonnes performances. On peut en conclure que les moyens affectés à chaque académie sont susceptibles de favoriser la réussite mais qu'il s'agit d'une condition ni nécessaire ni suffisante.

Dans l'enseignement supérieur, l'offre de formation définie par l'importance des possibilités d'accueil en IUT, STS, CPGE, cycles universitaires... est sensiblement différente selon les régions et cette couverture disparate du territoire est une source d'inégalité d'accès aux études supérieures. Cependant, plus mal connues encore sont les inégalités de réussite selon les universités et les filières. Des données encore fragmentaires montrent que ces inégalités sont fortes. Des variables telles que les modalités d'organisation des études, le contenu des enseignements, les modalités d'évaluation, les dispositifs d'aides aux étudiants influencent sensiblement les chances de réussite des étudiants [Jarousse et Michaut, 2001].

---

santé (médecine, pharmacie, odontologie), plus de 44 % des étudiants sont des enfants de cadres et professions intellectuelles supérieures en 2000 [MEN-*RRS*, 2001]. Les étudiants de cette origine sociale sont également surreprésentés en sciences. À l'opposé, ce sont les études de « lettres » (y compris « langues » et « sciences humaines ») qui accueillent la proportion la plus réduite d'enfants d'origine supérieure (moins de 28 %). À cette inégalité sociale d'accès aux différentes disciplines s'ajoute une inégalité d'accès aux trois cycles d'études. Pour l'année 2000-2001, les enfants de cadres et professions intellectuelles supérieures représentent 30,4 % des étudiants du premier cycle et 36,1 % du troisième cycle [MEN-*RRS*, 2001]. La surreprésentation de cette catégorie sociale, croissante et massive du premier au troisième cycle, est une constante de la statistique de l'origine sociale des étudiants.

À l'extérieur de l'université, la distance sociale la plus forte oppose les CPGE (51,4 % d'enfants de cadres et 5,4 % d'enfants d'ouvriers en 2000) aux classes de STS (respectivement 15,1 % et 23 % en 2000). Pour apprécier l'importance de cette inégalité, il faut avoir à l'esprit que les CPGE (77 000 élèves en 2000) connaissent une croissance ralentie de leurs effectifs alors que les effectifs des STS ont une croissance sensiblement plus soutenue et qu'ils accueillent trois fois plus d'étudiants (*cf.* chapitre III). Par ailleurs, les débouchés professionnels de ces deux filières diffèrent radicalement. Les inégalités sociales d'accès présentes au niveau des différentes filières du bac sont donc également présentes au niveau de l'enseignement supérieur.

Les difficultés de la connaissance de la démocratisation de l'enseignement

Une première difficulté tient au changement, en 1982, de la nomenclature des professions et catégories socioprofessionnelles (PCS) [Desrosières et Thévenot, 1988]. Les PCS n'étant plus définies tout à fait de la même façon (par exemple, depuis 1982, la catégorie sociale des ouvriers ne comprend plus les contremaîtres), les comparaisons portant sur des données établies avant et après la mise en place de cette nomenclature sont affectées par ces transformations de la définition des catégories sociales.

La nomenclature des PCS pose aussi des problèmes d'interprétation : la catégorie des « retraités » peut soit être non prise en compte dans les analyses, soit être assimilée aux catégories populaires, moyennes ou aisées selon la façon dont le chercheur place cette catégorie dans l'échelle des positions sociales. Compte tenu de la forte croissance des enfants de cette catégorie inscrits dans l'enseignement supérieur, la façon dont cette catégorie est considérée influence les résultats de la recherche. Seules les études fines (en partant d'une nomenclature plus précise des situations sociales) peuvent distinguer les différentes origines sociales des enfants des retraités. Par ailleurs, les employés sont parfois considérés comme appartenant aux classes moyennes (au même titre que les techniciens, infirmières...) alors que d'autres chercheurs les assimilent à la catégorie sociale des ouvriers dont ils sont économiquement plus proches [Chenu, 1994] [Chauvel, 2001]. D'une façon générale, le choix de tel ou tel regroupement influence le diagnostic porté sur la démocratisation de l'enseignement.

Deuxièmement, l'élaboration de la statistique des inscrits dans le système d'enseignement nécessite, de façon inévitable, des regroupements de filières variables dans le temps compte tenu des évolutions numériques, des créations ou des suppressions de filières. Il en résulte une difficulté, classique dans les approches historiques, à (re)constituer des séries statistiques longues. La transformation des filières d'enseignement et des catégories statistiques utilisées est susceptible d'accréditer l'idée d'une démocratisation qui résulte en partie ou totalement d'une modification de l'organisation des enseignements. C'est, par exemple, la situation du secondaire élargi à l'EPS en 1941 (*cf.* chapitre II).

Troisièmement, une question spécifique est le choix des catégories sociales sur lesquelles les comparaisons vont porter. En se limitant à deux catégories, souvent les enfants d'ouvriers et ceux des cadres et professions intellectuelles supérieures, l'analyse prend le risque d'une simplification dont les effets sont difficiles à saisir. Ainsi, le groupe ouvrier connaît depuis un quart de siècle une transformation de sa composition (la part des ouvriers qualifiés augmente) et une diminution sensible de ses effectifs pouvant affecter sensiblement la signification de sa représentation dans les statistiques scolaires. Une transformation, au moins aussi grande et de sens contraire, a marqué la catégorie des cadres et professions intellectuelles supérieures.

Or aucune catégorie sociale n'échappe à des transformations susceptibles de compliquer l'analyse historique de sa représentation à l'école. Ainsi, les enfants d'agriculteurs sont moins que par le passé sous-représentés à l'université par rapport aux enfants des professions intermédiaires et de cadres. Or, depuis un demi-siècle, le groupe des agriculteurs s'est profondément transformé – il comporte une part croissante d'agriculteurs sur grandes exploitations – si bien qu'il est difficile de savoir s'il faut considérer que les enfants d'agriculteurs réussissent aujourd'hui mieux qu'hier, notamment à l'université, ou si les agriculteurs sur petites exploitations dont les enfants réussissaient éventuellement moins bien ont subi l'exode rural, sont devenus ouvriers, et ont ainsi indirectement permis l'élévation récente du taux de réussite des enfants d'agriculteurs à l'université.

Quatrièmement, l'évolution de la part de chaque groupe social dans l'enseignement supérieur n'a de sens que dans une approche globale intégrant la valeur relative des filières et des diplômes : comment, dans le temps, la valeur professionnelle d'une maîtrise en sciences humaines a-t-elle évolué par rapport à un diplôme d'IEP ? La question posée est celle du déclassement de certaines formations. Cette difficulté, connue depuis longtemps [Bourdieu et Passeron, 1964], reste toujours aussi centrale si le chercheur veut éviter de comparer des niveaux de diplômes *a priori* similaires alors même qu'ils sont en fait dissemblables.

Enfin, pour autant que les données soient disponibles ou reconstituées convenablement, l'interprétation doit être prudente : les études limitées à telles ou telles filières doivent se garder de conclusions hâtives. Si le recrutement des universités devenait moins inégalitaire, il ne faudrait pas en conclure, sans réserve, à une démocratisation de l'enseignement supérieur si par ailleurs les enfants de cadres ont conforté leurs positions dans les CPGE et les grandes écoles de commerce et d'ingénieurs.

La dispersion des recrutements sociaux selon la filière est particulièrement stable dans le temps : celle constatée en 2000 est déjà présente, pour l'essentiel, en 1960 [Roulin-Lefebvre et Esquieu, 1992]. Quelques évolutions sont cependant perceptibles. Les IUT, peu recherchés par les enfants de cadres en 1975 (seulement 14,7 % d'enfants de cadres), sont devenus progressivement beaucoup plus prisés (26,5 % en 2000). Les CPGE, dont le recrutement est le plus bourgeois, connaissent également un mouvement de même ordre bien que de faible ampleur : elles accueillent 50,1 % d'enfants de cadres supérieurs en 1994, 51,4 % en 2000. Ces données brutes ont pour limite de ne pas prendre en compte la part croissante des cadres et professions intellectuelles supérieures dans la population active (celle-ci est de 8,4 % en 1983, 11 % en 1991 et 12,6 % en 1999).

L'enseignement supérieur s'est-il démocratisé ? Les recherches n'aboutissent pas toutes au même résultat. Certains auteurs concluent à une légère diminution des inégalités dans l'enseignement supérieur [Euriat et Thélot, 1995] ; d'autres à la stabilité du recrutement social [Goux et Maurin, 1995] ; d'autres enfin à l'accroissement des inégalités notamment entre les enfants de cadres et les enfants d'ouvriers [Blöss et Erlich, 2000] ou entre les différentes filières de l'enseignement supérieur [Merle, 1996, 2000]. Ces divergences tiennent aux difficultés méthodologiques liées à la connaissance de la démocratisation et aux solutions différentes apportées par les chercheurs pour contourner les difficultés rencontrées.

5. Les « grandes écoles » : un monde fermé

Issues pour une part d'entre elles de la Révolution, les « grandes écoles » constituent un monde fermé. L'expression nécessite d'abord d'être définie : elle renvoie à des regroupements différents selon les recherches. On retiendra la définition donnée par Euriat et Thélot [1995], limitant cet ensemble à l'ENA (École nationale d'administration), les ENS (Écoles normales supérieures), X (Polytechnique), HEC (Hautes Études commerciales). La sociologie des « grandes écoles » reste limitée. Comme pour la connaissance de la fortune [Pinçon et Pinçon-Charlot, 2000 ; Piketty, 2001], il existe des difficultés à pénétrer ces univers sociaux plutôt discrets sur eux-mêmes. Il en résulte une incomplétude d'une partie des séries statistiques et une difficulté d'interprétation des transformations survenues.

Toutefois, au-delà des imprécisions, un constat général est établi depuis longtemps : le monde des « grandes écoles » est massivement réservé à l'élite sociale [Bourdieu et Passeron, 1964 ; Prost, 1981 ; Bourdieu, 1989]. Les recherches plus récentes n'ont pas démenti cette réalité sociale [Baudelot et Matonti, 1994 ; Euriat et Thélot, 1995 ; Ferrand, Imbert et Marry, 1999]. Pour les ENS, les origines populaires (employés, ouvriers, agriculteurs, commerçants et artisans) ne dépassent pas les 5 % des inscrits. Cette proportion est encore plus faible à X, seulement 2 %. Les normaliens sont quasi exclusivement issus des professions libérales (12 %), des cadres des entreprises

(31 %) et des cadres de la fonction publique (40 % dont un tiers d'enfants d'enseignants) [Baudelot et Matonti, 1994]. Si toutes les grandes écoles se caractérisent par une surreprésentation des enfants d'origine aisée, quelques spécificités distinguent les grandes écoles entre elles. Ainsi X accueille moins d'enfants d'enseignants et plus d'enfants de chefs d'entreprise, d'ingénieurs et de cadres du privé que les ENS.

L'inégalité du recrutement social se double d'une inégalité géographique : 70 % des normaliens proviennent des classes préparatoires « khâgnes » parisiennes, et 60 % d'entre eux, depuis près d'un siècle, des lycées Henri-IV et Louis-Le-Grand, déjà réputés sous l'Ancien Régime... [Baudelot et Matonti, 1994]. Ainsi, l'institution scolaire est à la fois un système en mouvement, comme l'attestent les données relatives à l'université, et, parallèlement, un monde particulièrement immobile. La proportion d'une génération scolarisée dans ces écoles est d'ailleurs remarquablement stable depuis un demi-siècle : à peine plus d'un jeune sur 1 000. Cette proportion moyenne occulte une inégalité forte selon le sexe. Dans les ENS littéraires, la parité est presque atteinte, les filières scientifiques accueillent en revanche plus de 80 % de garçons. À l'École polytechnique, originellement et pendant fort longtemps réservée aux hommes en raison de son statut militaire, les femmes ont désormais droit de cité et la féminisation a progressé : les filles représentent à la fin du XXe siècle environ un sixième des X. L'égalité est en marche mais est encore loin d'être atteinte.

Ces « grandes écoles » se sont-elles démocratisées ? La question est symbolique et emblématique du fonctionnement de l'institution éducative. De 1972 à 1977, l'ENA accueille 8,7 % d'enfants d'employés et d'ouvriers ; de 1978 à 1982, ce pourcentage tombe à 1,7 %. Sur ces deux périodes, le recrutement de l'ENA s'est embourgeoisé. Mais ce résultat est partiel. Plus généralement, la part des enfants de cadres croît sensiblement dans le recrutement des grandes écoles mais, parallèlement, la part des cadres dans la population active croît également sur les périodes pour lesquelles les comparaisons sont établies.

Euriat et Thélot [1995] concluent à une stabilité du recrutement des grandes écoles ou à une légère démocratisation. Cependant celle-ci n'est effective que pour certaines grandes écoles, pour des périodes déterminées et pour certaines catégories sociales seulement : si l'accès des catégories populaires a pu augmenter par rapport aux catégories aisées, ce résultat ne vaut pas pour les enfants des couches moyennes dont les chances d'accès se sont effondrées. L'analyse des données aboutit donc à un résultat contrasté. Baudelot et Matonti [1994] parviennent à une conclusion voisine : la stabilité du recrutement social avec une alternance de périodes d'ouverture et de fermeture. Si une certaine ouverture sociale a pu caractériser les années soixante-dix, les années ultérieures sont plutôt marquées par l'embourgeoisement (*cf.* l'exemple de l'ENA ci-dessus).

Lorsque la recherche élargit la définition des grandes écoles aux écoles centrales ou à l'Institut de sciences politiques de Paris, le constat demeure le même. Pour ce dernier, l'embourgeoisement est sensible de 1961 à 1978 : la proportion d'enfants de cadres supérieurs et professions intellectuelles supérieures passe de 44 % à 65,6 % entre ces deux dates [Prost, 1981]. En 2001, cette catégorie sociale représente plus de 70 % des étudiants de Sciences-Po Paris. La suprématie de la bourgeoisie et de la capitale, stable dans le temps, n'est guère discutable.

Dans l'enseignement supérieur, les « grandes écoles » constituent donc un monde à part, tout particulièrement par rapport aux universités, y compris les troisièmes cycles, socialement beaucoup plus ouverts (*cf.* chapitre IV-4).

VI / La démocratisation en question

Dans la plupart des recherches présentées dans les chapitres précédents, les définitions de la démocratisation de l'enseignement semblent parfois aller de soi, ou bien sont abordées de façon non explicite à travers des modalités de calcul parfois compliquées qui n'éclairent pas toujours les enjeux sociaux, tout particulièrement scolaires et professionnels, inhérents à toute définition de la démocratisation. Il n'existe en fait ni définitions incontestées ni modalités de mesure codifiées et admises par tous. Cette situation, qui est le propre d'un objet de recherche en cours de constitution, nécessite un travail réflexif sur les définitions et les problématiques le plus souvent utilisées.

1. La démocratisation de l'enseignement : des définitions équivoques

Les démocratisations qualitative et quantitative

Pour deux raisons, il est nécessaire de repartir des définitions d'Antoine Prost [1986] qui distingue démocratisations « qualitative » et « quantitative ». D'une part, une partie des auteurs y fait référence [par exemple, Duru-Bellat et Kieffer, 2000 ; Thélot et Vallet, 2000] ; d'autre part, ces définitions sollicitent des différences de conception de la démocratisation qui ne sont pas toujours explorées jusqu'à leur terme.

La « démocratisation qualitative » est définie par A. Prost en référence aux grands débats qui ont marqué, en France, l'histoire de l'école. Tout au long du XXe siècle, un des objectifs poursuivis par les réformateurs n'est pas seulement d'augmenter la durée des études obligatoires (13 ans en 1882, 14 ans en 1936, 16 ans en 1959), mais aussi de faire en sorte que le destin scolaire soit moins dépendant de l'origine sociale, ce qui devait rendre les scolarités davantage dépendantes du « mérite individuel ». Dans l'entre-deux-guerres, ce projet a notamment été porté par les Compagnons de l'Université nouvelle (*cf.* chapitre II) qui associent l'émergence d'une école unique à la « sélection par le mérite ». Le projet de l'époque n'est pas d'augmenter le nombre de bacheliers mais de favoriser l'accès à l'enseignement long parmi les enfants écartés de celui-ci en raison de l'indigence de leurs parents. La réforme Berthoin de 1959 s'inspire explicitement du même projet, comme le montre l'exposé des motifs du décret du 6 janvier 1959 (*cf.* chapitre III). Cette définition de la démocratisation dite qualitative, qui implique l'affaiblissement du lien entre origines sociales et destins scolaires, ne fait guère débat. Le problème déjà posé (*cf.* chapitre IV), évidemment essentiel, est de l'ordre de la mesure des transformations intervenues.

La « démocratisation quantitative », telle que Prost l'a définie, sollicite une autre acception du terme démocratisation : « On parle de la démocratisation de l'enseignement comme de celles de l'automobile, des vacances ou de la salle de bains » [Prost, 1986]. Prost précise ensuite que « la démocratisation [quantitative] ainsi entendue ne supprime pas les inégalités, elle les déplace seulement ». Cette définition est problématique. La « démocratisation » des vacances, par exemple, ne renvoie pas à une situation simple en termes d'analyse des inégalités. Un taux de départ en vacances moyen plus élevé peut s'accompagner d'une stabilité, d'une réduction ou d'une augmentation des inégalités, tout dépend si les taux de départ en vacances de chaque catégorie sociale se rapprochent ou s'éloignent. Par ailleurs, parallèlement à l'augmentation du taux moyen, d'autres formes d'inégalités d'accès aux vacances peuvent apparaître, relatives aux durées des séjours, aux montants des dépenses engagées, aux types d'hébergement, à la destination… La démocratisation quantitative du système éducatif recouvre des situations scolaires également fort variées dont l'analyse détaillée reste à mener.

Ainsi, une fois posé le constat d'une démocratisation quantitative définie, par exemple, par l'augmentation de la durée moyenne des études, des questions centrales restent entières : lorsque l'accès au collège se généralise, le terme « démocratisation quantitative » est-il encore adéquat si les inégalités sociales des cursus scolaires ont pu non pas seulement se « déplacer », mais augmenter au niveau de l'enseignement secondaire et supérieur ? Si la scolarité des élèves les moins scolarisés s'est allongée moins que celle des élèves les plus scolarisés, le terme « démocratisation quantitative » convient-il encore alors que le fossé s'est creusé entre les différentes populations d'élèves considérées ? Dernier exemple, si l'accès au bac, toutes filières confondues, est socialement plus égalitaire alors que la section scientifique s'embourgeoise, comment faut-il nommer une telle évolution ? S'agit-il d'une démocratisation quantitative ? Certes, dans toutes ces situations, il est possible de retenir, par convention, l'expression « démocratisation quantitative » compte tenu, par exemple, de l'augmentation de la durée moyenne des études. Une telle définition de la démocratisation quantitative, renvoyant à des situations les plus diverses, n'en reste pas moins imprécise et incomplète.

Démocratisations uniforme et ségrégative

Une façon de dépasser les limites de l'analyse de Prost est de préciser la notion de démocratisation quantitative. Une première nouveauté est due à Goux et Maurin [1995]. À partir de l'exploitation des enquêtes « Formation qualification professionnelle » de 1970 à 1993, ces auteurs montrent que les élèves poursuivent, en moyenne, leurs études plus longtemps, obtiennent des diplômes plus élevés, mais que cette évolution concerne tous les milieux sociaux, bien qu'il existe quelques « déviations » non négligeables par rapport à ce modèle standard. Pour caractériser cette transformation du système éducatif, Goux et Maurin proposent la notion de « démocratisation uniforme ». En fait, cette expression ne renvoie pas à une réalité scolaire différente de la notion de démocratisation quantitative : A. Prost avait en effet émis l'hypothèse d'un déplacement des inégalités.

La notion de « démocratisation uniforme » présente toutefois un avantage : elle précise comment les inégalités se sont déplacées, en l'occurrence, en restant de même ampleur. Utile, la notion de démocratisation uniforme est cependant incomplète. Pour autant que le terme démocratisation soit adéquat pour rendre compte du développement de la scolarisation (question débattue ultérieurement), la translation des inégalités ne s'opère pas forcément de façon uniforme si l'analyse prend en compte les différenciations sociales propres à chaque série.

Ainsi, l'étude du recrutement social des différentes séries du baccalauréat de 1985 à 1995 met en évidence une accentuation des écarts sociaux de recrutement : ce sont les séries dont le recrutement est le plus populaire – les séries professionnelles – qui s'ouvrent socialement davantage. Les autres, notamment la section scientifique, conservent pratiquement le même recrutement social (*cf.* chapitre précédent). Ce mouvement correspond à une transformation spécifique désignée par l'expression « démocratisation ségrégative » de l'accès au bac [Merle, 2000]. Le premier terme de l'expression rend compte de l'élargissement social de l'accès au bac toutes séries confondues, le second de la divergence croissante du recrutement social entre les différentes séries de bac.

Cette différenciation sociale des cursus est-elle vraiment nouvelle ? La distinction entre un enseignement primaire supérieur d'une part et un enseignement secondaire d'autre part, qui a caractérisé, au début du XXe siècle, l'institution éducative, n'est-elle pas encore présente sous une forme renouvelée au début du XXIe siècle dans l'enseignement supérieur ? Les STS, dont le recrutement social est le plus populaire, ont en effet pour vocation de former aux métiers qui occupent des positions sociales moyennes, à l'instar des EPS du début du siècle. À l'autre extrémité de l'enseignement supérieur, les élèves des CPGE, tout comme le secondaire des années trente, ont pour avenir professionnel l'occupation des postes de cadres et de direction. La pertinence de la comparaison est accentuée par les taux de scolarisation considérés : 4,1 % des garçons d'une classe d'âge sont scolarisés en sixième dans l'enseignement secondaire au début du XXe siècle [Briand, Chapoulie et Péretz, 1979] ; les hommes inscrits en CPGE au début du XXIe siècle représentent moins de 5 % d'une classe d'âge.

2. Démocratisation ou diffusion de l'accès à l'école ?

La notion de démocratisation dite quantitative est une invention terminologique qui a permis de rendre compte d'une double spécificité de la transformation du système éducatif : l'élargissement de l'accès aux études qui justifie le terme de démocratisation, le maintien des inégalités sociales des cursus scolaires qui explique que cette démocratisation est en quelque sorte seulement quantitative, c'est-à-dire sans effet sur les inégalités. Imprécis, l'emploi du terme « démocratisation quantitative » peut se justifier dans la mesure où l'élargissement de l'accès aux études est considéré comme un bien en soi, quelles que soient les inégalités qui se maintiennent ou s'accentuent à des niveaux supérieurs d'études.

Les notions de démocratisations uniforme et ségrégative répondent au projet de préciser les modalités de la démocratisation quantitative définie par A. Prost, compte tenu du fait que l'élargissement de l'accès à un niveau donné d'études ne renseigne pas sur les inégalités sociales entre les différentes filières. Ces notions, pertinentes pour un niveau d'études donné, en l'espèce les classes terminales ou l'enseignement supérieur, n'informent pas de l'évolution globale des inégalités *devant l'école*. En ce sens, les différentes formes de démocratisation définies ci-dessus (uniforme et ségrégative) précisent plutôt des modalités de *diffusion* de la scolarisation plutôt que la démocratisation *stricto sensu* de l'école. Cette démocratisation *stricto sensu* correspond aux situations où, toutes choses égales par ailleurs et notamment pour un taux de scolarisation donné d'une génération, le recrutement social de chaque filière d'enseignement se rapproche de la structure sociale de la population active. Par exemple, pour les grandes écoles, qui accueillent avec constance la même proportion d'une génération – à peine plus d'un enfant sur mille –, la démocratisation n'a pas eu lieu : le *statu quo* l'emporte sur le changement.

Inégalités scolaires et inégalités de revenus

Pour avancer dans l'analyse des inégalités sociales des trajectoires scolaires, la comparaison avec les inégalités de revenus est instructive. Dans les recherches menées sur les inégalités de revenus, le seuil de pauvreté est généralement défini par la moitié du revenu médian par unité de consommation [Legendre, 1999 ; Lollivier, 2000]. Or, de 1996 à 2000, l'augmentation des revenus des plus pauvres n'a pas modifié leur nombre (1,6 million de ménages et 4,2 millions d'individus) car leur revenu n'a pas progressé davantage que celui du ménage médian. Il semblerait tout à fait incongru de considérer que l'augmentation des revenus des plus pauvres implique automatiquement la réduction des inégalités des revenus.

Certes, la spécificité de la variable revenu autorise le recours à des mesures telles que le calcul d'un seuil de pauvreté, *a priori* inappropriées à la mesure des inégalités scolaires. Cependant, la généralisation de l'accès à la sixième, à la seconde ou au baccalauréat ne permet pas plus d'affirmer la démocratisation globale de l'enseignement et la réduction des inégalités devant l'école que l'augmentation continue du SMIC est un indicateur d'une répartition plus égalitaire des revenus. En fait, il n'existe pas de raison pour que les principes au fondement de la mesure des inégalités des revenus ne s'appliquent pas aux inégalités scolaires. L'analogie avec l'accès aux biens de consommation est également pertinente : la diffusion d'un bien particulier – les vacances, le caméscope, le téléphone portable, le diplôme du bac – ne dit rien de la possession plus ou moins égale de l'ensemble des biens.

Dans un sens politique et sociologique, la question de la démocratisation n'a véritablement de signification que pour les niveaux d'études pour lesquels les inégalités existent. Dans cette perspective, la généralisation de l'instruction primaire est du même ordre que l'élévation moyenne du niveau de vie et n'entretient pas un rapport direct avec la question des inégalités. La même remarque vaut, pour une grande part, pour l'accès en classe de sixième, de seconde ou de terminale. La connaissance des biens possédés par tous ou presque – réfrigérateur, télévision… – n'informe aucunement des biens rares possédés par quelques-uns.

On tirera de ces remarques que le débat sur la démocratisation de l'enseignement gagne grandement en qualité scientifique en distinguant la diffusion de l'instruction, appréhendée comme bien, de sa répartition plus ou moins égalitaire, tout comme sont distinguées les hausses du pouvoir d'achat du

SMIC ou du salaire moyen de la répartition plus ou moins égalitaire des revenus. La distinction stricte entre le niveau moyen d'éducation qui s'élève et les inégalités des trajectoires scolaires est d'autant plus nécessaire que les inégalités d'accès à l'éducation sont particulières. Elles sont en effet à l'origine des principales inégalités sociales dans les pays développés : inégalités d'accès aux postes de direction des grandes organisations (entreprises, partis politiques, syndicats, associations), inégalités des revenus, des patrimoines, du prestige.

3. Démocratisation ou accroissement des inégalités ?

La principale difficulté à surmonter dans les analyses historiques de la scolarisation tient finalement à la diffusion continue des diplômes qui retire progressivement aux comparaisons termes à termes leurs significations scolaires et sociales. L'analyse des évolutions des durées de scolarisation entre les 10 % des élèves les plus et les moins scolarisés permet de contourner cette difficulté. On aborde alors la question de la démocratisation à partir de l'étude des inégalités d'accès à l'éducation appréhendées par un nombre variable d'années de scolarité [Merle, 2002b]. Ces deux approches sont évidemment interdépendantes : l'accroissement des inégalités des durées de scolarisation, s'il est montré, rend peu probable l'existence d'une véritable démocratisation.

L'allongement des études : une source d'inégalité ?

L'étude de l'allongement des durées de scolarisation est une façon très générale d'appréhender le fonctionnement de l'institution éducative. C'est justement à ce titre qu'une telle démarche est entreprise et présente un intérêt spécifique. En s'attachant à l'étude des variations des durées de scolarisation, l'analyse vise globalement à saisir les populations scolaires les plus et les moins avantagées par les transformations récentes. Les approches ordinaires de la démocratisation, centrées sur l'accès à tel ou tel niveau d'études, n'analysent pas en effet l'allongement de la scolarisation des moins scolarisés en situant celui-ci par rapport à l'allongement de la scolarisation des plus scolarisés. Cette façon de procéder permet de savoir si les différences d'accès aux études augmentent ou diminuent. Dans une telle perspective, les indicateurs de mesure des inégalités utilisés pour connaître les écarts de revenus, par exemple les déciles, valent aussi pour analyser les variations du nombre d'années d'études entre les élèves les plus et les moins scolarisés. Les déciles, notés D1, D2… D9, sont les valeurs de la variable au-dessous desquelles se classent les 10 %, 20 %… 90 % des éléments de la distribution statistique.

Dans l'analyse des inégalités de revenus, l'intervalle interdéciles (D9-D1) constitue un indicateur d'inégalité dont la compréhension est aisée. Il consiste à calculer la différence entre le revenu minimum des 10 % des ménages dont les revenus sont les plus élevés (nommé D9) et le revenu maximum des 10 % des ménages dont les revenus sont les plus bas (nommé D1). Si ce rapport (D9-D1) augmente sur une période, de t_1 à t_2, c'est-à-dire si la croissance des revenus des plus aisés a été plus rapide que celle des revenus des plus pauvres, l'inégalité a augmenté. Le calcul de tels indicateurs peut s'appliquer à l'éducation. Il faut alors calculer la différence entre le nombre d'années d'études minimum réalisé par les 10 % des élèves dont la scolarité est la plus longue et le nombre d'années d'études maximum réalisé par les 10 % des élèves dont la scolarité est la plus courte.

Pour connaître la situation propre au système éducatif français, il faut partir des taux de scolarisation par âge et étudier l'évolution de ceux-ci. Les années 1988 à 1998 constituent une période pertinente en raison de l'allongement général de la scolarité, comme l'atteste, par exemple, le presque doublement de l'accès au bac sur la période. Quelle influence cette diffusion de l'accès au bac a-t-elle exercée sur les inégalités d'accès à l'enseignement ? En partant de l'évolution des taux de scolarisation par âges tels qu'ils sont publiés par le ministère, il est possible de calculer l'âge de sortie des études selon le décile.

Deux conclusions peuvent être tirées de l'évolution des durées de scolarisation selon le décile. La première tient au fait que les durées de scolarisation augmentent pour chaque décile sur la période étudiée. Ces évolutions montrent que la tendance séculaire d'allongement des scolarités se poursuit de 1988 à

ÂGE DE SORTIE DU SYSTÈME SCOLAIRE SELON LE DÉCILE EN 1988-1989 ET 1998-1999

	D1	*D2*	*D3*	*D4*	*D5*	*D6*	*D7*	*D8*	*D9*
1988-1989	16,0	17,2	17,8	18,4	18,9	19,5	20,1	21,1	22,9
1998-1999	17,2	18,1	18,9	19,6	20,4	21,3	22,4	23,5	25,1
Variation	+ 1,2	+ 0,9	+ 1,1	+ 1,2	+ 1,5	+ 1,8	+ 2,3	+ 2,4	+ 2,2

Lecture : En 1988-1989, l'âge de sortie du système scolaire est de 16 ans maximum pour les 10 % des élèves les moins scolarisés (D1). De 1988-1989 à 1998-1999, la scolarisation des 10 % des élèves les moins scolarisés a augmenté de 1,2 année.

1998. Autrement dit, l'éducation considérée comme un bien, dont la valeur est mesurée en termes d'années d'études, continue à se diffuser sur la période considérée.

La seconde conclusion est d'une tout autre nature. Sur la période considérée, la comparaison des durées de scolarisation pour chaque décile montre que l'augmentation de la durée de scolarisation des quatre premiers déciles est inférieure à celle qui caractérise les quatre déciles supérieurs. Le calcul des intervalles interdéciles permet de préciser ce premier constat.

INTERVALLES INTERDÉCILES SELON LA DURÉE DE LA SCOLARISATION (années 1988-1989 et 1998-1999)

	D9-D1	*D8-D2*	*D7-D3*	*D6-D4*
1988	6,9	3,9	2,3	1,1
1998	7,9	5,4	3,5	1,7
Écart	+ 1,0	+ 1,5	+ 1,2	+ 0,6

Lecture : En 1988, 6,9 années de scolarité séparent la durée de scolarisation du premier et du dernier déciles.

Les intervalles interdéciles, indicateurs des inégalités d'accès au système éducatif appréhendées en termes de durée d'enseignement, augmentent de 1988-1989 à 1998-1999. Plus précisément, l'écart des durées de scolarisation entre les 10 % les moins scolarisés et les 10 % les plus scolarisés s'est accru d'une année au cours de la période : cet écart est en effet passé de 6,9 années en 1988-1989 à 7,9 années en 1998-1999. L'écart des durées de scolarité a augmenté de façon encore plus sensible entre le second décile et le huitième décile pour atteindre 1,5 année en 1998 (D8-D2 est égal à 3,9 années en 1988 et 5,4 années en 1998). Sur la période, l'accès à la scolarisation s'est donc transformé selon la règle suivante : les populations les plus longtemps scolarisées ont bénéficié d'un allongement de leur scolarité plus important que celui dont les populations les moins scolarisées ont bénéficié. Les inégalités des durées de scolarisation se sont donc accrues. Ce résultat n'est pas modifié par le calcul des rapports interdéciles (D9/D1, D8/D7...).

Durée des formations et origine sociale des élèves

Sur la période 1988-1999, l'accroissement de l'inégalité des durées de scolarisation entre les plus et les moins scolarisés est donc indiscutable. Cependant, si cette inégalité est une mesure de l'accroissement des inégalités individuelles d'accès au système d'enseignement, cette statistique des durées des études doit être complétée par l'étude des origines sociales des publics scolarisés dans les formations courtes et longues. La problématique des inégalités des durées de scolarisation n'entretient pas en effet un lien automatique avec celle de la démocratisation : une augmentation des inégalités de durées de scolarisation n'exclut nullement un mouvement de démocratisation pour autant que le lien entre origines sociales et destins scolaires se soit distendu. Dans ce cas, les élèves situés dans le premier décile seraient moins souvent d'origine populaire et ceux situés dans le dixième décile moins souvent d'origine aisée. L'étude de ce lien est réalisée par la connaissance du recrutement social des SEGPA (sections d'enseignement général et professionnel adapté), CAP et BEP qui scolarisent la très grande partie des 10 % des élèves dont les formations sont courtes. Pour les formations les plus longues, on retiendra les formations universitaires des second et troisième cycles, et les formations en écoles d'ingénieurs.

Les données disponibles ne permettent pas de connaître précisément l'origine sociale de l'ensemble de ces formations particulières pour l'année 1989. Des données fragmentées montrent cependant que ces formations n'ont pas connu, sur ces dix dernières années, une modification sensible de leur recrutement social. Ainsi la hiérarchie du recrutement social qui distingue

CAP et BEP est déjà présente dans les années quatre-vingt [Prost, 1986], tout comme celle des filières de relégation les plus stigmatisées, et principalement les SEGPA dont le recrutement est massivement et avec constance d'origine populaire. La même remarque vaut pour les deux premiers cycles universitaires qui constituent toujours autant de filtres sensiblement plus sélectifs pour les étudiants d'origine populaire et moyenne que pour ceux d'origine supérieure (*cf.* chapitre V). Quelques données mettent même en évidence un embourgeoisement des formations les plus recherchées telles que les CPGE (*cf.* chapitre V), et une prolétarisation des formations les plus courtes telles que les BEP.

Les données présentées ci-dessous optent pour une division binaire de l'espace social, opposant les catégories populaires (ouvriers, employés, chômeurs) aux catégories moyennes et supérieures (les autres catégories). Cependant, étant donné les particularités du recrutement social de ces formations courtes et longues, les proportions des enfants d'ouvriers et celles des enfants de cadres sont précisées.

ORIGINE SOCIALE DES ÉLÈVES SCOLARISÉS
DANS LES FORMATIONS LES PLUS COURTES
ET LES PLUS LONGUES
(années 1998-1999)

	CSP populaires	*dt ouvriers et chômeurs*	*CSP moyennes et favorisées*	*dont cadres*
SEGPA	88,0	68,3	12,0	1,6
CAP	79,3	57,4	20,7	3,9
BEP	75,6	52,8	24,4	4,7
Université dt				
2nd cycle	22,5	11,0	77,5	36,7
3e cycle	15,2	6,1	84,8	45,2
Écoles d'ingénieurs	15,1	6,0	84,9	48,9

Lecture : En 1998-1999, 88,0 % des élèves scolarisés dans une SEGPA (section d'enseignement général et professionnel adapté) sont issus des catégories socioprofessionnelles (CSP) populaires et 68,3 % sont des enfants d'ouvriers ou de chômeurs.

Ces données montrent nettement que les formations courtes scolarisent très majoritairement des élèves d'origine populaire alors que les élèves d'origine aisée sont surreprésentés dans les études longues. L'expression de Bourdieu et Passeron [1964], considérant l'université comme une « image renversée de la nation », n'a guère vieilli. Elle est même imparfaite : loin d'une exagération de la réalité scolaire, cette métaphore tend plutôt à l'édulcorer. Les catégories populaires telles qu'elles ont été définies représentent en effet près de 60 % des actifs. Si l'université était une image renversée de la nation, 40 % des étudiants devraient être d'origine populaire. Ce pourcentage est loin d'être atteint. Les données recueillies accréditent plutôt, schématiquement, l'idée de deux grandes orientations opposées. D'un côté, les filières professionnelles courtes (SEGPA, CAP, BEP) sont des filières accueillant massivement des enfants d'origine populaire ; de l'autre, les second et troisième cycles universitaires ainsi que les écoles d'ingénieurs sont particulièrement fréquentés par les enfants d'origine aisée.

L'essor considérable de la scolarisation propre aux années 1988-1998 n'a donc pas permis une véritable démocratisation de l'enseignement. Le fait marquant est au contraire un accroissement des inégalités des durées de scolarisation entre les 10 % les plus scolarisés et les 10 % les moins scolarisés. Or l'écart des durées de scolarisation entre les 20 % les plus et les moins scolarisés s'est accentué de façon plus sensible. Le résultat obtenu pour les situations extrêmes ne vaut donc pas que pour celles-ci. De ces résultats, il faut retenir que, si l'analyse se donne pour objet de mesurer l'évolution des inégalités pour une proportion donnée des populations scolarisées (les 5 % ou les 10 % les plus et les moins diplômés), les inégalités sont constantes, voire augmentent. Dans le cas contraire, en prenant en compte l'évolution des taux d'accès à différents niveaux de diplômes, notamment le bac, l'inégalité semble diminuer, mais une telle conclusion tend à confondre la démocratisation de l'enseignement avec la diffusion ordinaire d'un bien et ne prend pas véritablement en compte l'« élimination différée » [Œuvrard, 1979] des enfants d'origine populaire lors de l'accès aux niveaux de formation les plus élevés.

Allongement des études et redistribution négative

Mesurés de manière absolue, les écarts des durées de scolarisation ont donc augmenté. Ces évolutions ne sont pas sans effet sur les bénéficiaires des dépenses éducatives. Les élèves dont les scolarités se sont allongées ont bénéficié d'une augmentation sensible de l'effort éducatif alors qu'un tel avantage a été plus limité pour les élèves dont la durée des études a peu augmenté. Il est possible de chiffrer l'avantage monétaire dont les 10 % des élèves les plus scolarisés ont bénéficié ainsi que l'évolution de cet avantage sur les années 1988-1998. Le même calcul peut être réalisé pour les 10 % des élèves les moins scolarisés. La variété des parcours scolaires et des coûts associés à ces parcours impose d'établir des estimations basses et hautes des dépenses éducatives associées à ces cursus scolaires [Merle, 2002b].

ESTIMATION DES COÛTS DES SCOLARITÉS DES 10 %
DES ÉLÈVES LES MOINS ET LES PLUS SCOLARISÉS DE 1986 À 1999
(coût de la scolarité en francs, aux prix de 1999)

1 – Hypothèse basse

	1986 (a)	*1999 (b)*	*(b) – (a)*	*b/a*
D1	318 750	321 600	+ 2 850	1,01
D9	493 800	748 400	+ 254 600	1,51
D9-D1	175 050	424 400		
D9/D1	1,55	2,33		

2 – Hypothèse haute

	1986 (a)	*1999 (b)*	*(b) – (a)*	*b/a*
D1	327 000	492 300	+ 165 300	1,50
D9	517 900	932 400	+ 438 600	1,80
D9-D1	147 000	438 200		
D9/D1	1,58	1,89		

Lecture : En 1986, le coût de la scolarité des 10 % des élèves les moins scolarisés (D1) est de 327 000 F. Celui des 10 % (D9) les plus scolarisés est de 517 900 F (hypothèse haute).

En termes de redistribution, qu'il s'agisse du nombre d'années de formation ou de leur équivalent monétaire, les données recueillies établissent nettement la redistribution négative réalisée par les dépenses éducatives : de 1986 à 1999, les 10 % des élèves les moins scolarisés perçoivent, sous la forme d'un surcroît de formation, l'équivalent d'un capital supplémentaire variant de 2 850 F à 165 300 F alors que les 10 % des élèves les plus scolarisés perçoivent un capital supplémentaire variant de 254 600 à 438 600 F. Sur la période, l'écart s'est donc sensiblement creusé entre les moins scolarisés et les plus scolarisés.

En établissant des comparaisons des coûts de scolarisation entre les 20 % des élèves les moins et les plus scolarisés, la redistribution négative assurée par les dépenses éducatives est encore plus accentuée. Les données recueillies précédemment montrent en effet que les premiers ont connu une croissance modeste de la durée de leur scolarisation (+ 0,9 année) alors que les seconds ont connu une progression plus de deux fois supérieure (plus 2,2 années). Mécaniquement, une évolution aussi contrastée des durées de scolarisation des deux premiers et derniers déciles accentue l'effet antiredistributif réalisé par le système éducatif. Globalement, sur les dix dernières années du XXe siècle, le développement de la scolarisation est marqué par un accroissement sensible des efforts éducatifs de la nation en faveur des élèves, fréquemment d'origine aisée, dont les scolarités sont les plus longues et un délaissement relatif des élèves les moins scolarisés, majoritairement d'origine modeste.

Une telle dynamique de répartition n'est évidemment guère conciliable avec la diminution des écarts d'instruction et plus largement avec la démocratisation du système d'enseignement, compte tenu de la stabilité du recrutement social des formations longues et courtes.

VII / La persistance des inégalités : quelles explications ?

Mieux vaut, sans doute, trop d'explications que pas assez. Face au trop-plein, la difficulté est d'en rendre compte d'une façon pertinente tout en sachant que les résultats de la recherche ne permettent pas de connaître la contribution de chacune de ces explications à la constitution effective des inégalités. Il faut aussi distinguer différents niveaux d'explication. Le premier est constitué par l'analyse des politiques éducatives. Le second relève d'une autre démarche : présenter des modèles explicatifs des inégalités.

1. Politiques éducatives et inégalités sociales de réussite

Les politiques éducatives : des effets incertains

Un des paradoxes des politiques éducatives tient au fossé entre l'objectif très souvent affiché d'égalisation des chances scolaires et les résultats controversés obtenus dans ce domaine sur le long terme. L'analyse de cet écart entre ambitions et résultats reste encore à mener. Il faut sans doute prendre en compte le fait que les objectifs effectivement poursuivis ne se limitent pas au seul objectif affiché d'égalisation des chances scolaires. Une partie des politiques éducatives répond en effet à des exigences économiques et à des « demandes sociales », au demeurant pas toujours très explicites, qui n'entretiennent pas de lien direct avec le projet de démocratisation des enseignements.

Il en est ainsi par exemple de l'apprentissage des langues vivantes à l'école primaire, de l'assouplissement de la carte scolaire dans les années quatre-vingt, du développement des langues rares et de la création des sections européennes dans les années quatre-vingt-dix.

Les politiques de « discrimination positive », tout particulièrement les ZEP, mises en place en 1981 et redéfinies en 1999, affichent *a contrario* un objectif d'égalité des chances. Elles font cependant l'objet de bilans réservés (*cf.* ci-dessous). En revanche, les politiques de soutien et tout particulièrement les études dirigées ont fait l'objet d'un bilan positif [MEN-DEP, 1996]. La comparaison de ces deux derniers types de politiques éducatives amène à préférer, dans la perspective de l'égalisation des chances scolaires, l'aide individuel à l'élève, la centration sur ce qui se passe dans la classe, l'intérêt pour le temps travaillé et les façons d'apprendre [Crahay, 2000] plutôt que des politiques menées au niveau de « zones » spécifiques ou des établissements.

Toutes les politiques « centrées sur l'élève », pour reprendre une expression consacrée par l'institution éducative, ne sont pas pour autant satisfaisantes. Ainsi, les « groupes de niveau » ont fait l'objet d'évaluations plutôt négatives quant à leur effet sur l'équité, c'est-à-dire sur la réduction des inégalités de compétences. La même remarque vaut pour les pédagogies dites « différenciées ». L'expression, particulièrement polysémique, renvoie à des pratiques d'une grande diversité dont certaines favorisent l'égalisation des chances scolaires et d'autres produisent des effets contraires [Merle, 1998a].

D'autres politiques, telles que les « parcours diversifiés » mis en place en cinquième et quatrième, avaient également un objectif affiché d'égalisation des chances scolaires. Ces parcours avaient en effet le projet de « faire accéder des élèves différents aux objectifs communs de savoir et savoir-faire de cycle central » (circulaire du 27 février 1997). Cependant, aucune évaluation systématique de cette politique n'a été réalisée, si bien qu'il est tout aussi raisonnable de considérer que cette politique a réduit ou bien accentué les inégalités sociales des trajectoires scolaires selon les modalités effectives de mise en œuvre de cette réforme. Il en est de même du projet d'établissement et des « itinéraires de découverte » obligatoires en classe de cinquième à la rentrée 2002. Dans ce domaine, comme dans d'autres parfois, il semble que les effets d'annonce, l'affichage politique, la mise en scène de l'action publique aient plus d'importance que l'évaluation des pratiques novatrices.

On sait maintenant, et il aurait mieux valu le savoir plus tôt, que les « troisièmes d'insertion » exercent sur la scolarité des collégiens un effet favorisant non pas l'insertion mais... la sortie sans qualification [Caille, 2000]. Paradoxe d'une institution qui promet aux élèves et parents justement ce qu'elle ne donne pas en diminuant les chances de ceux qui, en l'espèce, lui ont fait confiance. L'aventure n'est pas nouvelle et l'histoire se répète : les élèves qui suivaient un cycle aménagé en sixième et cinquième diminuaient leurs chances de passer en quatrième par rapport au cursus normal proposé par ailleurs. Toutefois, leur progression était supérieure à celle des élèves auxquels un redoublement était proposé en fin de sixième. Ce résultat n'est pas surprenant : le redoublement, spécialité bien française, n'est pas, contrairement à une opinion fort répandue, une réponse efficace aux difficultés des élèves [Crahay, 1996 ; Merle, 1998b].

De façon plus générale, les politiques éducatives peinent à concilier la non-stigmatisation et l'exigence d'une adaptation des pratiques éducatives à la diversité des publics scolaires. « Différencier » sans « stigmatiser », reconnaître la spécificité des élèves sans produire de l'inégalité de traitement (*cf.*, ci-dessus, l'effet négatif des troisièmes d'insertion et des cycles aménagés) constituent des propositions d'action sans aucun doute difficiles à mettre en œuvre.

• *L'incomplétude des résultats de la recherche.* — Les résultats de la recherche ne peuvent pas toujours, loin s'en faut, définir précisément les politiques éducatives favorables à la démocratisation de l'enseignement. Ainsi, la pratique de l'hétérogénéité des classes, source d'égalisation des chances et d'efficacité, est affichée avec constance comme un objectif ministériel, et rappelée régulièrement aux chefs d'établissement. Cette politique est cependant moyennement appliquée : l'option latin à partir de la cinquième, le choix de la seconde langue vivante en quatrième, la gestion la plus rationnelle de la DGH (dotation globale horaire), les demandes de certains parents qui souhaitent de « bonnes classes » pour leurs enfants incitent une partie des chefs d'établissement à limiter sensiblement, voire à abandonner le principe de l'hétérogénéité au détriment des élèves les plus faibles.

Cependant, les résultats des recherches sont loin d'indiquer précisément comment les classes devraient être constituées. Si l'hétérogénéité des classes apparaît, en moyenne, préférable à l'homogénéité, rien n'indique que l'hétérogénéité maximum est préférable partout et toujours. Ce qui vaut « en moyenne », d'un point de vue statistique, ne vaut pas forcément pour toutes les situations. La limite de la recherche aboutit parfois à l'utiliser à contre-courant : les professeurs, considérant généralement que leurs classes sont trop hétérogènes, même lorsque celles-ci ne le sont guère d'un point de vue statistique, sont très souvent favorables à une moindre hétérogénéité finalement contraire à l'équité et à l'efficacité.

Un résultat moins mitigé caractérise les politiques d'aménagement du territoire, bien que le lien entre la densification des établissements et l'inégalité des chances soit relativement complexe. Il est assuré que l'offre de formation favorise la poursuite d'études tout en orientant sensiblement la carrière scolaire des élèves : la proximité de telles sections de terminale, d'un lycée professionnel ou d'une antenne universitaire dans une ville moyenne a des effets sensibles sur les cursus scolaires suivis. Ainsi, la présence d'un IUT dans une ville moyenne est susceptible de favoriser la poursuite d'études post-bac, elle peut aussi limiter les études en second cycle qui, dans un autre aménagement universitaire de l'espace, auraient été envisagées. Ce dernier exemple montre à la fois l'importance de l'action de l'État et des collectivités locales concernées, et en même temps la difficulté à saisir l'ensemble des effets des politiques mises en œuvre. Cette remarque vaut également pour les zones d'éducation prioritaires.

L'exemple des zones d'éducation prioritaires

Mises en place en France à partir de 1981, les zones d'éducation prioritaires (ZEP) se sont inspirées des politiques d'éducation compensatoires élaborées dans les années soixante dans de nombreux pays développés (États-Unis, Australie, Angleterre, Pays-Bas, etc.). Ces politiques reposent sur des actions de

« discrimination positive » : donner plus à ceux qui ont moins. Relancées de façon très médiatique en 1990 et 1999, les ZEP accueillent, en 1999, 1,4 million d'élèves scolarisés dans 823 collèges et 5 537 écoles. Peu de lycées sont concernés par le dispositif. La question pertinente est de savoir, vingt ans après leur création, si les élèves scolarisés en ZEP sont avantagés par rapport à ceux inscrits hors ZEP.

Quelques études, limitées en nombre, aboutissent à des résultats favorables aux ZEP [par exemple, Fabre-Cornali, Stéfanou, 1996], mais elles sont de portée limitée, faute d'assurer des comparaisons satisfaisantes entre la situation des élèves scolarisés en ZEP et hors ZEP. La plupart des recherches, menées sur les écoles élémentaires et les collèges, montrent en fait que la scolarisation en ZEP n'est pas associée, comparativement aux scolarisations hors ZEP, à un effet positif en termes d'acquisition de compétences : soit l'effet produit par la scolarisation en ZEP est estimé non significatif [Brizard, 1995], soit il est jugé négatif [Bressoux *et al.*, 1997 ; Colmant et Vugdalic, 1998 ; Dupé *et al.*, 1998]. Ces dernières données confortent le résultat de la recherche de Meuret [1994]. Celle-ci présente un intérêt particulier du fait qu'elle est menée selon les niveaux scolaires des élèves. Or c'est pour les élèves pour lesquels le pronostic scolaire est le plus défavorable – les élèves faibles – que l'effet ZEP est négatif : les élèves initialement bons ne connaissent pas de « handicap » à être scolarisés en ZEP. Autrement dit, la politique des ZEP n'aurait pas atteint les objectifs qu'elle s'était assignés : donner plus à ceux qui ont moins. Il s'agit évidemment de résultats moyens : certaines ZEP auraient atteint leurs objectifs d'égalisation des chances, mais elles sont minoritaires. La dernière recherche publiée [Caille, 2001] ne contredit pas les résultats précédents et apporte des données nouvelles. Ainsi, les élèves scolarisés en ZEP font l'objet d'une orientation plutôt moins sélective en fin de troisième. En revanche, ces élèves redoublent plus souvent à la fois les classes du collège et celles de seconde et de terminale. En ce sens, la « discrimination positive » n'a pas été à la hauteur des espoirs placés en elle.

• *Les raisons de l'insuccès.* — Pourquoi la politique des ZEP n'a-t-elle pas atteint ses objectifs ? C'est sur ce point que la réflexion est particulièrement urgente. Retenons trois raisons principales. Premièrement, le financement. Belles étaient les intentions initiales écrites en grandes lettres sur les frontons de l'école de la République. Malthusiens ont été les moyens matériels et humains dégagés une fois passées les vaches grasses des premières années. Certes, les données nationales indiquent que les classes des ZEP sont, en moyenne, moins chargées que les classes hors ZEP (environ deux élèves de moins en ZEP). Cependant, une telle différence n'est généralement pas liée, dans les études sur l'efficacité, à de meilleures performances des élèves. Pour être efficace, la baisse des effectifs devrait être nettement plus importante. Plus globalement, sur la question des moyens, il est difficile d'évaluer de manière précise l'effort consenti. On sait par exemple que les établissements en ZEP disposent en moyenne d'un aide-éducateur pour cent élèves alors que cette proportion est de un pour trois cents élèves hors ZEP. Les ZEP sont donc dans ce domaine clairement favorisées. Toutefois, la « discrimination positive » est particulièrement inégale, voire paradoxale : quelques établissements en ZEP disposent même de ressources inférieures aux établissements hors ZEP [Moisan et Simon, 1997].

Deuxièmement, une partie des actions initialement mises en œuvre dans les ZEP a probablement limité les apprentissages des élèves : doutant de la réussite dans l'ordinaire de la classe, les actions entreprises se sont parfois concentrées sur l'extraordinaire de la sortie hors école ou sur l'activité culturelle. De même, la forte référence à la pédagogie de projet, et aux activités dites « concrètes », censées être plus adaptées à ce type de public scolaire, ont pu détourner les élèves, et notamment les plus faibles, de la contrainte ordinaire des apprentissages en classe [Bouveau et Rochex, 1997].

Autrement dit, le projet d'insertion sociale s'est peut-être, insidieusement, substitué au projet de réussite scolaire en relation directe avec ce qu'il est convenu d'appeler le « temps d'exposition à l'apprentissage », c'est-à-dire la durée totale de cours [par exemple, Ericson *et al.*, 1993 ; Grisay, 1997]. Évidemment, il faut aussi que les élèves aient le désir d'apprendre – et l'école peut susciter plus ou moins ce désir – mais le temps passé au travail demeure toujours une condition incontournable de la réussite et passe inévitablement par la mobilisation des élèves et des maîtres [Rosenthal et Jacobson,

1972]. Or la mobilisation de ces derniers est parfois ambiguë. Les enseignants des ZEP se distinguent des enseignants hors ZEP par le fait que moins de 20 % d'entre eux souhaitent « permettre au plus grand nombre de poursuivre des études longues » [Guillaume, 1998]. Par rapport aux professeurs enseignants hors ZEP, ces professeurs estiment d'une façon particulièrement négative le niveau de leurs élèves alors même que les résultats des évaluations nationales [MEN-DEP, 1998] ne confirment pas une différence si sensible de compétence entre les élèves scolarisés en ZEP et hors ZEP. Le label ZEP est donc susceptible de réduire les attentes du maître qui exercent elles-mêmes une influence sensible sur la réussite des élèves.

Troisièmement, il est établi que la ségrégation entre les différents établissements est moins marquée que la ségrégation intra-établissement, celle qui résulte de la composition des classes [Duru-Bellat et Mingat, 1997]. Et cette ségrégation interne est, en moyenne, davantage marquée dans les ZEP. Dans celles-ci, des classes homogènes sont, plus souvent qu'ailleurs, constituées en regroupant les élèves de sixième qui ont choisi allemand comme première langue, ceux qui prennent latin en classe de cinquième, les élèves en avance ou les enfants d'enseignants [MEN-DEP, 1998]. Or, de tels regroupements des élèves limitent leur progression moyenne [Duru-Bellat et Mingat, 1997 ; Crahay, 2000]. Ce résultat de recherche est conforté par l'étude précédemment citée [Meuret, 1994] relative à l'efficacité des ZEP : les bons élèves, contrairement aux élèves faibles, obtiennent en moyenne le même niveau de compétence qu'ils soient ou non scolarisés en ZEP.

• *Label ZEP, stratégies parentales et concurrence interétablissements.* — Il faut partir d'un constat désormais classique. L'institution scolaire devient de plus en plus un marché au sens économique du terme : un ensemble d'établissements jugés, tout comme des biens de consommation, plus ou moins intéressants [Van Zanten, 2001]. Cet usage stratégique de l'institution scolaire exerce des effets pervers contraires à la réussite des ZEP : la recherche effrénée de la « bonne école » fait « fuir » les bons élèves. Dans les classes moyennes et bourgeoises, l'anxiété scolaire est en effet si prégnante, les stratégies consuméristes des parents si aiguës que l'image sociale et scolaire des ZEP favorise, ou pour le moins renforce, un désir de l'entre-soi et, par le biais des choix d'options ou de son quartier, des stratégies de placement dans les établissements les plus attrayants. L'école pour tous, celle des zones prioritaires, tend à devenir l'école des élèves en difficulté et des enfants d'immigrés, comme en témoignent les indicateurs du ministère concernant la composition de ce public.

De l'ensemble de ces données, il est possible de dire que la politique des ZEP, dont l'objectif est d'« intégrer » socialement et scolairement les élèves en difficulté, ne réduit pas, en moyenne, les écarts, voire contribue peut-être à les maintenir ; quand les parents aisés ne peuvent pas fuir l'école populaire – celle-ci est signalée par le label ZEP –, leur stratégie consiste à obtenir, plus souvent qu'ailleurs, à l'intérieur de ces établissements, des classes préservées et protégées du *vulgum pecus*. Les chefs d'établissement y consentent quand la concurrence entre établissements incite à offrir ce type de classe aux parents susceptibles de « voter avec leurs pieds ». Comme l'indiquent S. Ball et A. Van Zanten [1998] : « Dans un contexte où la concurrence est directement ou indirectement encouragée, les établissements qui sont en position dominante sont conduits à devenir encore plus sélectifs de façon à recruter des élèves qui apportent de la "valeur ajoutée" [...] : élèves dont les résultats scolaires contribuent à l'image d'établissement performant, bien classé dans les évaluations nationales et les palmarès d'établissements. Du même coup, les établissements les moins bien placés doivent également se battre pour garder leurs têtes de classe. »

Ces stratégies de l'entre-soi, au fondement d'une concurrence interétablissements et de ségrégation intra-établissement, sont contraires à l'égalisation des chances scolaires, et constituent en fait une des manifestations de la structure de classes observables également dans les quartiers chic. Elles connaissent leur réalisation la plus caractéristique dans le choix d'écoles hors convention dont les droits d'inscription sont prohibitifs [Pinçon et Pinçon-Charlot, 1995].

Les résultats des recherches tendent à montrer que les ZEP n'ont pas atteint les objectifs qui leur étaient fixés : des processus sociaux internes et externes aux établissements ont donc progressivement dénaturé le projet initial. Faut-il pour autant

Les professeurs et la scolarisation de masse

Les positions des professeurs du secondaire à l'égard de la scolarisation de masse sont contrastées. Une minorité d'entre eux – de l'ordre de un sur six – est hostile au développement de la scolarisation. Considérant que « l'objectif des 80 % est une ineptie » et qu'il n'est pas possible de « mettre sur la même route les formules 1, les voitures et les brouettes » [Dubet, 1999], cette minorité se déclare favorable au développement d'une orientation très tôt différenciée vers des SEGPA, des quatrième et troisième technologiques et des CFA (centres de formation des apprentis). La création de sections réservées aux meilleurs élèves (des « parcours d'élite ») est par ailleurs vivement souhaitée. Ces professeurs adhèrent, plus ou moins explicitement, à une idéologie du don qui demeure, même minoritaire, une des constantes des discours professoraux [Bourdieu et Saint-Martin, 1975 ; Léger, 1983 ; Merle, 1999a]. Un tel discours n'est pas conciliable avec l'objectif de démocratisation de l'enseignement.

La majorité des professeurs se déclarent favorables au « collège pour tous », susceptible d'accueillir l'ensemble d'une génération. Cependant, cette adhésion n'implique pas pour autant l'adhésion au « collège unique » [Dubet, 1999]. Ce collège identique pour tous apparaît en effet, pour une bonne part des enseignants, comme un objectif très difficile à atteindre. Le collège dit unique est souvent considéré comme un échec ayant surtout permis la massification de l'enseignement. Dans le même temps, l'existence indiscutable d'un « marché scolaire » [Careil, 1998 ; Van Zanten, 2001] de collèges « ghettos » et « élitistes » est par ailleurs perçue comme la manifestation d'une faible démocratisation.

L'expérience professorale de la massification de l'enseignement est fréquemment marquée par un certain découragement : les professeurs se sentent souvent sans réponse et désarmés face à des élèves jugés « peu motivés » par l'école et « trop faibles » pour suivre en classe. Pour les professeurs, les principaux obstacles aux progrès des élèves, et notamment des élèves faibles, sont constitués par la lourdeur des effectifs par classe, l'absence de différenciation pédagogique, la ségrégation scolaire et sociale, l'insuffisance des études dirigées et de l'aide au travail personnalisé. Ces obstacles constituent une partie essentielle de leurs revendications, généralement clairement reprises, bien que de façon diversifiée, par les organisations syndicales [1].

Les professeurs sont plutôt favorables aux « classes hétérogènes », c'est-à-dire des classes composées d'élèves de niveaux scolaires différents. Cependant, cette adhésion au principe du brassage scolaire qui favorise la mixité sociale est difficilement

1. Par exemple, *L'Université syndicaliste*, supplément à l'*US*, n° 545, 5 mai 2001, « Démocratiser réellement le système éducatif » ; *L'Enseignant-L'École libératrice*, « Entre école et lycée, un collège à réformer », septembre 2001 (numéro hors série) ; *Profession Éducation*, « De nouvelles avancées pour la démocratisation », n° 49, 1995.

conciliable avec le maintien des classes à option également souhaité. Sur cette question importante – les classes hétérogènes sont favorables aux progrès des élèves faibles –, les positions des professeurs sont quelque peu ambiguës, tout comme une partie des discours syndicaux. Les filières ségrégatives sont dénoncées tout comme l'« uniformité du système ». Parallèlement à la question des structures d'accueil, la question d'une « pédagogie démocratique » est également posée par une partie des organisations syndicales [Chapoulie, 1987 ; Robert, 1995]. Dans ce domaine, reflétant les tendances des professeurs, une orientation davantage centrée sur la psychologie et les « besoins de l'enfant [2] » concurrence une approche plus sociopédagogique [3].

renoncer à la discrimination positive ? Nullement. D'une part, son échec relatif tient en partie à l'insuffisance des moyens dégagés, d'autre part, la réorientation des actions sur les apprentissages fondamentaux est susceptible, à terme, d'améliorer les progrès des élèves. Enfin, la médiatisation de cette politique et notamment la désignation publique des établissements placés en ZEP sont susceptibles d'avoir produit des effets négatifs sur les comportements des parents, des professeurs et des élèves. Compte tenu de la concurrence interétablissements, l'anonymat des établissements concernés est donc souhaitable. Dans le plan gouvernemental de lutte contre la violence scolaire, l'anonymat des établissements est d'ailleurs la règle afin de ne pas stigmatiser encore davantage ce type d'établissement et de limiter la fuite des élèves « sages ». Ce qui vaut pour cette politique devrait également valoir pour la précédente.

2. Théories sociologiques et inégalités de réussite

La théorie de la reproduction

La thèse de *La Reproduction* [Bourdieu et Passeron, 1970] n'est pas seulement une analyse du système d'enseignement. Son projet est autrement plus large. Les auteurs ne conçoivent pas une sociologie de l'école indépendante du système social

2. *L'Enseignant-L'École libératrice*, septembre 2001.

3. *Cf.* par exemple Claude Grignon : « Comment sortir par la pratique professionnelle de la reproduction », *L'Université syndicaliste*, n° 5, novembre 1972.

tout entier : l'école est un élément de ce système. Elle est à la fois produite par celui-ci et une modalité de son maintien.

Dans l'analyse de Bourdieu et Passeron, le fondement de l'organisation sociale est la division de la société en classes. L'héritage marxiste est clairement présent dans l'analyse, tout autant que la filiation à Max Weber [1922] : les modes de légitimation du monde sont constitutifs de l'organisation sociale. Aux rapports de forces marxistes, rapports de domination économique, s'ajoutent les systèmes de légitimation des inégalités sociales qui sont au service de la domination symbolique de la bourgeoisie. L'école en tant que formation sociale particulière concourt d'une façon centrale à la pérennité de ce système social.

Toutes les hiérarchies sociales, de prestige, de revenu, de pouvoir, de patrimoine reposent en effet sur une justification qui seule permet leur acceptation sociale, tout particulièrement de la part des catégories dominées. Dans les siècles passés, les justifications divines et naturalistes du monde ont été les deux systèmes de légitimation qui ont fondé la division de la société en classes. Avec la fin de l'Ancien Régime, la nouvelle organisation sociale naissante a réfuté le droit du sang et le droit divin qui fondaient le pouvoir de l'aristocratie.

La fin des privilèges n'a pourtant pas signifié la fin des privilégiés et, consubstantiellement, la nécessité d'un nouveau système de justification des hiérarchies sociales fondé, en l'occurrence, sur la certification scolaire. La question scolaire devient particulièrement cruciale et problématique sous la Révolution en raison de cette nouvelle fonction que l'école est amenée à tenir dans l'organisation sociale. Pour parvenir à sa fonction de justification des hiérarchies sociales, la domination par le diplôme doit être formellement dissociée des liens fonctionnels qu'elle entretient avec la division de la société en classes et avec la classe dominante. L'autonomie relative du système d'enseignement par rapport à la division en classes est donc au fondement de la légitimation sociale du diplôme. L'autonomie n'est toutefois que relative tant les contenus scolaires sont indissociables de la culture bourgeoise, culture légitime par excellence du système d'enseignement.

La théorie de la reproduction est en effet également une sociologie des contenus scolaires et des jugements professoraux.

Bourdieu et Passeron se sont attachés à montrer que la culture scolaire était au service de la reproduction des positions sociales. La culture scolaire privilégie fortement la « culture libre », culture des arts et des spectacles, culture des manières de penser, culture linguistique aussi. Cette spécificité de la culture scolaire est le véritable sésame de la réussite des enfants d'origine aisée tant elle prolonge l'univers culturel dont ils sont issus. Les travaux de Bernstein [1975] relatifs aux codes sociolinguistiques propres à chaque groupe social ont été sollicités en ce sens. Les savoir-dire, savoir-faire et savoir-être bourgeois sont autant de modes de reconnaissance sociale au fondement des verdicts scolaires, tout particulièrement dans les épreuves orales des concours dans lesquelles l'élocution, le style et la manière sont des critères de jugements sociaux plus ou moins conscients des examinateurs. De fait, la psychologie de l'évaluation tout autant que la recherche sociologique ont montré amplement que les verdicts scolaires ne pouvaient être dissociés de « biais », c'est-à-dire d'erreurs systématiques, notamment en faveur des enfants d'origine aisée [Noizet et Caverni, 1978 ; Merle, 1996].

En classant les élèves à partir de contenus scolaires qui sont aussi des savoirs sociaux inégalement répartis selon les classes sociales, le système d'enseignement tient pour égaux des enfants qui ne le sont pas. Cette dénégation des différences culturelles est un corollaire de l'arbitraire culturel propre à la culture scolaire qui tire sa force d'imposition et sa légitimité sociale de la méconnaissance de cet arbitraire.

La non-reconnaissance des différences sociales et des spécificités de la culture scolaire permet au système d'enseignement de transformer des inégalités sociales en inégalités d'apparence scolaire. Cet anoblissement par les titres scolaires est conforté par l'idéologie du don et des aptitudes. Un des succès de cette idéologie tient à sa capacité à rejeter dans le domaine des différences naturelles entre individus ce qui relève des différences sociales [Merllié, 1975]. Cette naturalisation des différences sociales présente l'immense avantage de faire l'économie de toute interrogation réflexive et critique sur les fondements sociaux des inégalités de réussite selon les milieux sociaux, et notamment sur la faible efficacité du rapport pédagogique quand la culture du professeur et celle de l'élève sont aux antipodes. L'idéologie du don permet de surcroît, et ce profit social n'est pas négligeable pour les dominants, l'intériorisation par les élèves en échec de leur incapacité à réussir en naturalisant leur position de dominés à l'école et hors de celle-ci.

Dans les analyses de Bourdieu et Passeron [1964, 1970] ou dans *La Noblesse d'État* [Bourdieu, 1989], la démocratisation de l'enseignement n'a pas lieu. L'étroitesse du recrutement social des grandes écoles (*cf.* chapitre V) – les « écoles du pouvoir » – est la manifestation emblématique de l'efficacité sociale des mécanismes de la reproduction. L'étude de la transformation du système d'enseignement n'est pas pour autant négligée. L'allongement moyen de la scolarisation est analysé à partir de « formes déniées » d'élimination qui sont le retard scolaire et la relégation dans les filières stigmatisées, directement en rapport avec la restriction des choix d'orientation et l'octroi de diplômes dévalués.

• *La théorie de la reproduction à l'épreuve des faits.* — Sans aucun doute, la théorie de la reproduction rend compte de la translation des inégalités sociales à des niveaux d'études plus élevés sans que la structure des inégalités soit véritablement modifiée. Les transformations considérables de l'institution scolaire survenues depuis 1960 n'ont pas provoqué, d'ailleurs, de bouleversements de la mobilité sociale sur les quarante dernières années : la position sociale des enfants demeure fortement liée à celle du père [Vallet, 1999]. La thèse de la reproduction est confortée aussi par un certain nombre de recherches qui montrent que les niveaux d'études des parents, à la fois celui du père et celui de la mère, sont plus déterminants que leur origine sociale pour expliquer les inégalités des trajectoires scolaires de leurs enfants [Goux et Maurin, 1995 ; Thélot et Vallet, 2000 ; Duru-Bellat et Kieffer, 2000]. Enfin, la sociologie des grandes écoles (*cf.* chapitre V), celle de la bourgeoisie [Pinçon et Pinçon-Charlot, 2000] et des élites dirigeantes [Bauer et Cohen, 1981 ; Bauer et Bertin-Mourot, 1995] démontrent la stabilité des mécanismes de reproduction des élites scolaires et sociales.

Pour autant, la théorie de la reproduction rend plus difficilement compte d'une transformation propre au XXe siècle : la montée continue et considérable de la scolarisation des filles dont les titres scolaires ne sont pas tous, loin s'en faut, dévalués. Cette limite n'est que partielle : l'affaiblissement de la domination masculine ne remet pas en cause la domination scolaire des élites sociales quel que soit le genre. Au XIXe siècle, les filles subissaient à l'école une condition de dominées quelle que soit leur origine sociale. Au début du XXIe siècle, cette condition féminine, en partie émancipée bien qu'elle oriente encore grandement le choix des études et des emplois, ne constitue plus un handicap scolaire. Cependant, pour les filles d'origine populaire, l'effet de leur position sociale façonne toujours aussi sensiblement leur destinée scolaire.

En revanche, la théorie de la reproduction peine à rendre compte des « réussites paradoxales » : la réussite scolaire en milieu populaire, peu probable, n'est toutefois pas exceptionnelle [Laurens, 1992 ; Charlot *et al.*, 1992 ; Rochex, 1995]. L'analyse de ces histoires de famille [Terrail, 1990 ; Lahire, 1995] montre que le déterminisme social n'a pas la toute-puissance qui lui est accordée, que d'autres analyses et dimensions du social sont à prendre en considération.

L'explication individualiste des inégalités

De même que la théorie de la reproduction repose sur une conception spécifique du monde social, l'explication individualiste des inégalités sociales part de l'hypothèse d'acteurs rationnels mettant en place des stratégies scolaires. Raymond Boudon [1973, 1979] rend compte des inégalités des chances scolaires en faisant l'économie de notions telles que les classes sociales, la domination symbolique ou l'arbitraire culturel.

Si Boudon accorde une place essentielle à l'institution scolaire, cette place est bien différente de celle attribuée par Bourdieu et Passeron : à la théorie de l'autonomie relative de l'institution scolaire par rapport à la division en classes, Boudon présente une théorie de l'inégalité sociale des chances scolaires dans laquelle l'inégalité résulte d'une rencontre entre des positions sociales et des « points de bifurcation » (notamment les classes de troisième et de seconde) qui jalonnent l'institution scolaire. À chaque point de bifurcation, correspondant aux classes d'orientation, est attachée une perception différente des chances de réussite et du rendement de l'investissement éducatif selon la situation sociale de l'élève. Celle-ci détermine des choix d'orientation différents à compétences scolaires égales.

Cette place spécifique accordée au milieu d'origine explique les comportements d'autosélection des enfants d'origine modeste et, pour une part, leurs trajectoires scolaires globalement plus courtes [Boudon, 1979].

La perspective de Boudon s'inspire en partie de la construction économique néoclassique [Becker, 1964]. L'institution éducative est construite comme un « marché » offrant un certain nombre de choix, et l'élève est assimilé approximativement à un consommateur éclairé qui fait un choix raisonnable de façon à rendre maximal le bénéfice qu'il pense retirer de son investissement. Tout comme le « marché » des économistes est inséparable de l'action réglementaire de l'État, une telle sociologie de l'école accorde, en fait, une place essentielle à l'organisation de l'institution scolaire. Par les possibilités qu'elle propose, par la détermination du nombre de « points de bifurcation », celle-ci organise le jeu du « marché » et fixe les enjeux des décisions prises par les élèves et leur famille : « La carrière d'un adolescent dans le système scolaire peut être considérée comme une suite de décisions dont la fréquence, la nature et l'importance sont déterminées par les institutions scolaires » [Boudon, 1979].

Toutefois, contrairement à la théorie de la reproduction, le lien de l'institution scolaire avec la structure sociale demeure restreint et circonscrit à la position sociale des élèves. Celle-ci est susceptible de limiter leur « champ des décisions » pour des raisons qui tiennent à la fois aux ressources économiques et à la représentation socialement différenciée de l'intérêt de la poursuite des études. R. Boudon considère toutefois que, dans les procédures d'orientation, l'accent mis sur le « choix » de l'élève au détriment de ses résultats scolaires renforce les mécanismes d'inégalités scolaires qu'il décrit. De nombreuses recherches [Girard et Bastide, 1970 ; Duru-Bellat et Mingat, 1993] ont validé ce phénomène d'autosélection. Il est cependant tout aussi bien pris en compte par la théorie de la reproduction que par l'approche individualiste proposée par Boudon.

Bourdieu et Passeron d'une part, Boudon d'autre part, courants théoriques traditionnellement opposés, ne débouchent nullement sur les mêmes modalités d'action. Pour l'essentiel, l'analyse de Boudon l'amène à privilégier des mesures économiques permettant aux élèves d'origine modeste d'accorder moins d'importance aux coûts des études lors de leurs choix d'orientation. L'auteur est aussi favorable à la diminution du nombre de points de bifurcation afin de limiter la sélection précoce des élèves d'origine populaire. Bourdieu et Passeron plaident pour une pédagogie rationnelle qui s'attacherait, de l'école maternelle à l'université, à supprimer l'action des « facteurs sociaux des inégalités culturelles » [1964]. Ces programmes d'action au service de la démocratisation de l'enseignement présentent au moins l'avantage de ne pas être exclusifs l'un de l'autre.

Nouvelles explications

Les théories des années soixante ont eu pour objet d'apporter des explications aux inégalités sociales des trajectoires scolaires. Il s'agissait de constructions intellectuelles susceptibles de rendre compte d'une façon pertinente des données statistiques disponibles. Dans ce cadre, le déterminisme de l'agent était autant un postulat de l'analyse que la rationalité économique de l'acteur. Au cours des vingt dernières années du XXe siècle, les chercheurs ont davantage étudié le fonctionnement de la « boîte noire », c'est-à-dire ce qui se passe concrètement pour les élèves dans les classes et les établissements.

En centrant sa recherche sur les comportements concrets d'orientation des élèves, Berthelot [1993] a pu montrer que les choix d'orientation des élèves, facteur essentiel à la compréhension des inégalités scolaires, sont dépendants d'« options inscrites dans une situation donnée » et d'un certain nombre de ressources, si bien que les élèves, au cours des différentes étapes de l'élaboration de leurs choix, ne peuvent être réduits ni à une situation d'agents soumis à des déterminismes sociaux ni à celle d'acteurs rationnels guidés par un principe d'utilité économique. Ils sont aussi des sujets. Au gré des refus ou des acceptations de dossiers de candidatures, les différentes projections scolaires de soi réalisées par l'élève mobilisent des mécanismes d'intégration et d'appropriation qui participent à la construction du sujet sollicitant, selon la conjoncture, telles ou telles représentations collectives liées aux figures de l'avenir et au sens de la vie. La construction du sens se combine d'une façon en partie contingente au simple calcul d'utilité économique et aux déterminants sociaux. Une telle approche permet d'expliquer à la fois les inégalités sociales des trajectoires scolaires les plus communes et les situations de « réussite paradoxale ».

Cette problématique du sujet et des acteurs est présente dans de nombreuses recherches de la dernière décennie du XXe siècle. La notion de rapport aux savoirs, défini comme un « rapport au monde, à l'autre et à soi-même d'un sujet dans la nécessité d'apprendre » [Charlot, 1997], a pour objet de connaître, notamment par l'étude des « réussites paradoxales », les conditions de la réussite scolaire. La recherche tend à montrer qu'un rapport instrumental aux savoirs, fondé sur la seule utilité des études et de l'insertion professionnelle, favoriserait moins l'apprentissage et la réussite qu'une relation au savoir fondée sur l'intérêt intrinsèque des disciplines enseignées. Un tel résultat de recherche débouche sur des interrogations centrales notamment quant aux politiques d'information sur les orientations scolaires et les métiers. L'instrumentalisation des enseignements (très tôt, il est demandé aux élèves le métier qu'ils envisagent…) aurait des effets contradictoires sur la réussite en détournant les élèves, de façon inégale selon l'origine sociale, du projet et du plaisir d'apprendre.

Effets maîtres et démocratisation de l'enseignement

Les inégalités sociales des cursus scolaires ont donc suscité l'émergence d'explications multiples et protéiformes. Certaines explications ont davantage retenu l'attention. C'est le cas de l'explication en termes de « handicap culturel » alors même qu'une telle expression ne rend compte que de façon très partielle, voire partiale, de l'analyse présentée dans *La Reproduction*. L'idée commune d'un « handicap culturel » revient souvent à considérer la culture scolaire comme la seule culture existante et les enfants d'origine populaire comme « peu cultivés ». Les pratiques pédagogiques sont dès lors perçues comme d'une efficacité égale quelle que soit l'origine sociale des élèves. Autant dire que la théorie de *La Reproduction* ainsi réécrite aboutit à désigner les élèves en difficulté comme « victimes » de leur « manque » de culture et occulte une donnée essentielle : la façon dont l'institution scolaire est susceptible, par la définition de ses contenus d'enseignement et ses pratiques pédagogiques, de peser sur la construction des inégalités sociales des trajectoires scolaires.

Toute une série de travaux a en effet montré que les inégalités sociales de réussite étaient directement liées aux pratiques des professeurs dans la classe. Il a été montré que l'action du professeur est une source sensible de différenciation des apprentissages. Certains professeurs sont plus « efficaces » : ils font progresser leurs élèves plus que d'autres. Dans le débat sur les inégalités scolaires, il faut retenir aussi que certains professeurs sont plus équitables : leur activité pédagogique permet une diminution des écarts de compétence entre les élèves faibles et forts. Contrairement à une opinion commune, source d'élitisme, cette action égalisatrice ne favorise pas un « nivellement par le bas » : les professeurs équitables sont aussi, généralement, les plus efficaces et cette différence d'efficacité entre professeurs est susceptible de réduire très sensiblement les inégalités de réussite associées aux différences d'origine sociale. Plus globalement, les recherches ont montré que la qualité et la quantité d'enseignement étaient au moins aussi déterminantes que les caractéristiques individuelles des élèves et notamment leur origine sociale [Isambert-Jamati et Grospiron, 1990 ; Mingat, 1991 ; Crahay, 2000].

Conclusion

L'expression « démocratisation de l'enseignement » renvoie à deux significations très différentes : la diffusion de l'instruction d'une part, l'égalisation des chances de réussite d'autre part. Les données recueillies et les analyses menées dans l'ouvrage débouchent sur deux réalités très contrastées. Tout au long des XIXe et XXe siècles, la diffusion de l'enseignement a profondément modifié la place de l'école dans la société française et le rapport de chacun avec celle-ci. L'accès à l'instruction, longtemps réservé à une étroite élite, s'est progressivement diffusé à la quasi-totalité de la nation. À la fin du XXe siècle, l'accès de plus de 60 % d'une classe d'âge au niveau du baccalauréat constitue un indicateur significatif des transformations exceptionnelles de l'institution éducative. Au cours des quinze dernières années du XXe siècle, l'expansion considérable de la scolarisation est telle que l'expérience scolaire des lycéens est le plus souvent sans rapport avec celle de leurs parents qui n'ont généralement pas accédé aux études secondaires.

Pour autant, l'école demeure inégale. Inégale selon le sexe tant les spécialisations disciplinaires restent fortes alors même que les filles tout au long du XXe siècle ont comblé leur retard de scolarisation par rapport aux garçons. Inégale aussi selon l'origine sociale. Ainsi, l'accès généralisé au baccalauréat s'est réalisé d'une façon très différenciée. Les enfants de cadres sont très surreprésentés dans les séries générales, et notamment la série scientifique, alors que les enfants des catégories populaires décrochent le plus souvent un bac technologique ou professionnel. Pour cette raison, les avenirs scolaires et professionnels des uns et des autres s'opposent très largement. L'accès à l'enseignement supérieur reste aussi très distinct selon l'origine sociale : les filières les plus reconnues, celles qui assurent l'avenir professionnel le plus prometteur, ont un recrutement social plus aisé que la moyenne des filières. L'accès aux grandes écoles reste, quant à lui, toujours aussi fermé socialement : seule une infime minorité d'enfants d'origine populaire parvient à entrer dans ces « écoles du pouvoir ».

La diffusion considérable de l'enseignement n'a donc pas exercé un effet notable sur l'égalité des chances. Au mieux, cet effet est faiblement positif, mais une partie des études menées montre que l'effet est nul, voire négatif. Ainsi, sur les dix dernières années du XXe siècle, la durée des études des 10 % des élèves les moins scolarisés a peu progressé par rapport à l'allongement sensible de la durée des études des 10 % des élèves les plus scolarisés. De ce point de vue, les inégalités d'accès à l'instruction ont augmenté. Or ces inégalités exercent des effets de plus en plus considérables sur l'histoire des individus, si bien que la situation des « pauvres » en biens éducatifs s'est dégradée, de façon relative, malgré la diffusion considérable de l'accès à l'instruction. Ainsi, la situation de l'illettré n'est pas trop problématique à la fin du XIXe siècle, elle est difficile au milieu du XXe siècle, elle constitue un handicap quasi insurmontable au début du XXIe siècle.

La démocratisation de l'enseignement est pourtant possible. Elle se réalise, ici ou là, dans certaines classes et certains établissements, dans lesquels se trouvent réunies les conditions institutionnelles et pédagogiques propices. La généralisation de ces situations est limitée pour au moins trois raisons. D'une part, les recherches peinent à définir les pratiques d'enseignement à la fois les plus efficaces et les plus équitables. D'autre part, l'analyse des politiques éducatives montre que les objectifs effectivement poursuivis sont des plus divers. La démocratisation de l'enseignement est un objectif poursuivi parmi beaucoup d'autres et la cohérence des actions mises en œuvre n'est pas forcément assurée. Ainsi, le développement de l'apprentissage d'une langue vivante dès l'école élémentaire n'est pas forcément très utile à l'élève qui rencontre des difficultés dans la maîtrise de la lecture et de l'écriture de sa langue maternelle. Enfin, l'éducation est un bien très recherché. Or, les parents d'origine moyenne et aisée maîtrisent mieux les subtils rouages de l'institution scolaire et parviennent à en tirer un meilleur profit pour leurs enfants.

De nombreuses décisions sont susceptibles de réduire les inégalités sociales d'usage de l'institution scolaire : meilleur contrôle des dérogations à la carte scolaire, constitution de classes socialement et scolairement plus mélangées, contenus des enseignements moins proches de la culture bourgeoise écrite et parlée, options rares non réservées aux établissements réputés des centres-ville, développement des soutiens individualisés et, plus largement, de la discrimination positive... De telles actions, source d'une compétition scolaire plus équitable, constituent évidemment des actions politiques à haut risque. Les politiques éducatives, pour autant qu'elles ont poursuivi un objectif d'égalisation des chances scolaires, se sont en effet heurtées à ceux qui défendent une conception élitiste de l'institution scolaire. Sur les quinze dernières années du XXe siècle, il en a résulté une démocratisation en trompe-l'œil : l'accroissement général de la durée de la scolarité s'est substitué à la demande légitime d'une plus grande égalité des chances et a creusé encore davantage le fossé entre les usagers avertis du système scolaire et les autres. Ce constat est doublement inquiétant : le coût global de l'éducation s'est accru sans répondre véritablement aux attentes d'égalité placées en elle ; le ressentiment scolaire s'est développé auprès des élèves en difficulté sans autre perspective qu'une contestation du sens et des missions de l'école.

Cette crise spécifique du système éducatif, cette révolte des déçus et des exclus, est caractéristique d'une réalité sociale plus large marquée par l'exacerbation de la concurrence interindividuelle, le maintien des égoïsmes corporatistes et nationaux, la tentation du repli sur soi, la remise en cause des solidarités sociales, l'accroissement des inégalités de fortune. Cette organisation sociale est difficilement conciliable, dans son principe, avec la démocratisation de l'enseignement.

Repères chronologiques

1792 Condorcet présente, au nom du comité spécial de l'Instruction publique, son *Rapport et projet de décret* à l'Assemblée législative.

1794 Création de l'École centrale des travaux publics (future École polytechnique), du Conservatoire des arts et métiers, de l'École normale de Paris, future École normale supérieure.

1802 Création des lycées, établissements d'État qui coexistent avec les collèges.

1824 Création du ministère de l'Instruction publique.

1833 Loi Guizot. Les communes sont obligées d'entretenir une école primaire. Cet enseignement est gratuit pour les parents qui ne peuvent pas s'acquitter de la « rétribution scolaire ». Création de l'enseignement primaire supérieur (EPS) et, dans chaque département, d'une école normale d'instituteurs.

1834 Création du certificat d'études primaires. Ce CEP, uniformisé en 1880, est rendu obligatoire en 1882.

1836 Première extension de la loi Guizot aux filles.

1850 La loi Falloux favorise l'enseignement des congrégations religieuses, quasi-suppression des EPS.

1865 La loi Duruy instaure un « enseignement secondaire spécial » destiné, de fait, aux classes moyennes.

1867 Obligation pour les communes de plus de 500 habitants d'ouvrir des écoles de filles, création de cours secondaires pour les filles.

1879 La loi Camille Sée crée les lycées de jeunes filles.

1880 Création de l'École normale supérieure de jeunes filles de Fontenay-aux-Roses.

1881 La loi Ferry (16 juin) instaure la gratuité totale de l'École primaire publique. Création de l'École normale supérieure de jeunes filles de Sèvres. Intégration de l'enseignement secondaire spécial à l'enseignement secondaire.

1882 La loi Ferry (28 mars) instaure l'obligation scolaire de 7 à 13 ans.

1902 Réforme de l'enseignement secondaire. Création d'une section « langues-sciences » (série D) qui succède à un premier cycle sans latin. Les trois autres sections sont latin-grec (A), latin-langues (B), latin-sciences (C).

1911 Création du certificat d'aptitude professionnelle.

1918 Publication du manifeste des Compagnons de l'Université nouvelle favorable à l'école unique.

1924 Alignement de l'enseignement secondaire féminin sur l'enseignement masculin (décret Bérard).

1926 Les programmes des classes élémentaires des lycées (les « petits lycées ») sont alignés sur ceux de l'enseignement primaire.

1930 Loi de finances qui instaure le principe de la gratuité des établissements secondaires.

1933 Création d'un examen d'entrée en sixième.

1936 L'obligation scolaire est portée à 14 ans.

1941 La loi Carcopino transforme les EPS en collèges modernes et les écoles pratiques de commerce et d'industrie (EPCI) en collège technique.

1945 Suppression des classes élémentaires des lycées.

1959 Réforme Berthoin. L'obligation scolaire est portée à 16 ans (effective en 1967). Création des CEG (collèges d'enseignement général, anciennement cours complémentaires).

1963 Réforme Fouchet. Création du CES (collège d'enseignement secondaire) qui unifie les divers enseignements du premier cycle du secondaire.

1965 Création du baccalauréat de technicien.

1966 Création des IUT (instituts universitaires de technologie).

1967 Création des SES (sections d'éducation spécialisée).

1972 Création des CPPN (classes préprofessionnelles de niveau) et des CPA (classes de préparation à l'apprentissage).

1975 La réforme Haby institue le « collège unique » en supprimant les « filières » présentes dans les CES créés par Fouchet.

1982 Mise en place des ZEP (zones d'éducation prioritaires)

1985 Création du baccalauréat professionnel. Objectif de « 80 % d'une classe d'âge au niveau du baccalauréat en 2000 ».

1989 Création des IUFM (ouverture en 1991).

1991 Nouvelle organisation des séries du baccalauréat avec la création de trois séries générales, littéraire (L), économique et sociale (ES), scientifique (S), et des séries technologiques : sciences et technologies tertiaires (STT), sciences et technologies industrielles (STI), sciences médico-sociales (SMS), sciences et technologies de laboratoire (STL).

1999 Relance de la politique des ZEP.

Bibliographie

BALL S., VAN ZANTEN A. [1998], « Logiques de marché et éthiques contextualisées dans les systèmes français et britannique », *Éducation et Sociétés*, 1, p. 47-71.

BAUDELOT C., ESTABLET R. [1971], *L'École capitaliste en France*, La Découverte.

BAUDELOT C., ESTABLET R. [1988], *Le Niveau monte*, Seuil.

BAUDELOT C., ESTABLET R. [1992], *Allez les filles !* Le Seuil.

BAUDELOT C., ESTABLET R. [1999], *Avoir 30 ans en 1968 et en 1998*, Le Seuil.

BAUDELOT C., ESTABLET R. [2001], « La scolarité des filles à l'échelle mondiale », *in* BLÖSS T. (dir.), *La Dialectique des rapports hommes-femmes*, PUF, p. 103-124.

BAUDELOT C., MATONTI F. [1994], « Les normaliens : origines sociales. Le recrutement social des normaliens 1912-1992 », *in* SIRINELLI J.-F., *École normale supérieure. Le livre du bicentenaire*, PUF, p. 155-190.

BAUER M., BERTIN-MOUROT [1995], *L'Accès au sommet des grandes entreprises*, Éd. CNRS.

BAUER M., COHEN E. [1981], *Qui gouverne les groupes industriels ?*, Le Seuil.

BEAUD S. [2002], *80 % au bac... et après ? Les enfants de la démocratisation scolaire*, La Découverte.

BECKER G.-S. [1964], *Human Capital. A Theorical and Empirical Analysis with Special Reference to Education*, New York, Columbia University Press.

BERNSTEIN B. [1975], *Langage et classes sociales. Codes sociolinguistiques et contrôle social*, Minuit.

BERTHELOT J.-M. [1993], *École, orientation, société*, PUF.

BLÖSS T., ERLICH V. [2000], « Les bacheliers technologiques en question », *Revue française de sociologie*, 41, p. 747-775.

BOUDON R. [1973], *L'Inégalité des chances. La mobilité sociale dans les sociétés industrielles*, Armand Colin.

BOUDON R. [1979], *La Logique du social*, Hachette.

BOURDIEU P. [1989], *La Noblesse d'État. Grandes écoles et esprit de corps*, Minuit.

BOURDIEU P., PASSERON J.-C. [1964], *Les Héritiers. Les étudiants et la culture*, Minuit.

BOURDIEU P., PASSERON J.-C. [1970], *La Reproduction*, Minuit.

BOURDIEU P., SAINT-MARTIN M. [1975], « Les catégories de l'entendement professoral », *Actes de la recherche en sciences sociales*, 3, p. 68-88.

BOUVEAU P., ROCHEX J.-Y. [1997], *Les ZEP, entre école et société*, CNDP, Hachette.

BRESSOUX P., COUSTÈRE P., LEROY-AUDOUIN C. [1997], « Les modèles multiniveau dans l'analyse écologique : le cas de la recherche en éducation », *Revue française de sociologie*, XXXVIII, 1, p. 67-96.

BRIAND J.-P., CHAPOULIE J.-M., PÉRETZ H. [1979], « Les conditions institutionnelles de la scolarisation secondaire des garçons, 1920-1940 », *Revue d'histoire moderne et contemporaine*, XXXVI, p. 391-421.

BRIAND J.-P., CHAPOULIE J.-M. [1992], *Les Collèges du peuple*, INRP/CNRS/ENS, 1992.

BRIZARD A. [1995], « Les zones d'éducation prioritaires à la rentrée 1994 », *Note d'information*, 25.

BUISSON F. [1887], *Dictionnaire de pédagogie et d'instruction primaire*, Hachette.

CAILLE J.-P. [2000], « Qui sort sans qualification du système éducatif ? » *Éducation et Formations*, 57, p. 19-37.

CAILLE J.-P. [2001], « Les collégiens des ZEP à la fin des années quatre-vingt-dix », *Éducation et Formations*, 61, p. 111-140.

CAREIL Y. [1998], *De l'école publique à l'école libérale. Sociologie d'un changement*, Rennes, PUR.

CHAPOULIE J.-M. [1987], *Les Professeurs de l'enseignement secondaire. Un métier de classes moyennes*, Éd. de la MSH.

CHAPOULIE J.-M. [1989], « L'enseignement primaire supérieur de la loi Guizot aux écoles de la troisième République », *Revue d'histoire moderne et contemporaine*, 36 (3), p. 413-437.

CHARLOT B. [1997], *Du rapport au savoir*, Anthropos.

CHARLOT B., BAUTIER E., ROCHEX J.-Y. [1992], *École et savoir dans les banlieues et ailleurs*, Armand Colin.

CHARTIER R., COMPÈRE M.-M., JULIA D. [1976], *L'Éducation en France du XVIe au XVIIIe siècle*, CDU et SEDES.

CHAUVEL L. [1998], *Le Destin des générations. Structure sociale et cohortes en France au XXe*, PUF.

CHAUVEL L. [2001], « Le retour des classes sociales ? » *Revue de l'OFCE*, n° 79, p. 315-359.

CHENU A. [1994], *Les Employés*, La Découverte.

CIBOIS P., DROESBEKE J.-J. [1988], « La croissance du nombre de bacheliers est-elle modélisable et prévisible ? » *Revue française de sociologie*, XXIX, 3, p. 425-445.

CIBOIS P. [1996], « Le choix de l'option latin au collège », *Éducation et Formations*, 48, p. 39-51.

COLEMAN J. S. *et al.* [1966], *Equality of Educational Opportunity*, Washington, Government Printing Office.

COLMANT M., VUGDALIC S. [1998], « Profil et compétences en français et mathématiques des élèves à l'entrée au CE2 », *Note d'information*, 23.

COMBESSIE J.-C. [1984], « L'évolution comparée des inégalités : problèmes statistiques », *Revue française de sociologie*, XXV, 2, p. 233-254.

COMPAYRE G., « Diderot », *in* BUISSON F. [1887].

CONDORCET [1792], *Premier Mémoire sur l'instruction publique*, Edilig (éd. 1989).

CONDORCET [1793], *Écrits sur l'instruction publique*, Edilig (éd. 1989).

CONVERT B., PINET M. [1989], « Les classes terminales et leur public », *Revue française de sociologie*, XXX, 2, p. 211-234.

CRAHAY M. [1996], *Peut-on lutter contre l'échec scolaire ?* Bruxelles, De Boeck.

CRAHAY M. [2000], *L'École peut-elle être à la fois juste et efficace ?* Bruxelles, De Boeck.

DAGUET F. [1995], « Un siècle de démographie française »,

Démographie et Société – INSEE résultats, n° 434-435, INSEE.
DESROSIÈRES A., THÉVENOT L. [1988], *Les Catégories socioprofessionnelles*, La Découverte (4e éd. 2000).
DUBET F. [1991], *Les Lycéens*, Paris, Seuil.
DUBET F. [1994], « Dimensions et figures de l'expérience étudiante dans l'université de masse », *Revue française de sociologie*, XXXV, 4, p. 511-532.
DUBET F. *et al.* [1999], *Le Collège de l'an 2000*, MEN.
DUBET F., DURU-BELLAT M. [2000], *L'Hypocrisie scolaire. Pour un collège enfin démocratique*, Seuil.
DUBET F., MARTUCCELLI D. [1996], *À l'école. Sociologie de l'expérience scolaire*, Le Seuil.
DUPÉ C., *et al.* [1998], « Profil et compétences en lecture, calcul et géométrie des élèves à l'entrée en sixième », *Note d'information*, 24.
DURAND H., « Les filles », *in* BUISSON [1887].
DURKHEIM E. [1922], *Éducation et sociologie*, PUF, (éd. 1992).
DURU-BELLAT M. [1988], *Le Fonctionnement de l'orientation. Genèse des inégalités sociales à l'école*, Lausanne, Delachaux et Niestlé.
DURU-BELLAT M. [1990], *L'École des filles. Quelle formation pour quels rôles sociaux ?* L'Harmattan.
DURU-BELLAT M., KIEFFER A. [2000], « La démocratisation de l'enseignement en France : polémique autour d'une question d'actualité », *Population*, 1, p. 51-80.
DURU-BELLAT M., KIEFFER A. [2001], « Esquisse de comparaison européenne », *in* MIGEOT-ALVARADO J., MONTACLAIR F., *Enseignement et démocratie. La démocratisation de l'enseignement en Europe*, Presses du centre Unesco de Besançon, p. 53-64.
DURU-BELLAT M., KIEFFER A., MARRY C. [2001], « La dynamique de la scolarité des filles : le double handicap questionné », *Revue française de sociologie*, 42, 2, p. 251-280.
DURU-BELLAT M., MERLE P. [2000], « Politiques éducatives, évolution des scolarités et transformations de la sélection », *L'Année sociologique*, 50, 2, p. 319-344.
DURU-BELLAT M., MINGAT A. [1993], *Pour une approche analytique du fonctionnement du système éducatif*, PUF.
DURU-BELLAT M., MINGAT A. [1997], « La constitution de classes de niveau dans les collèges : les effets pervers d'une pratique à visée égalisatrice », *Revue française de sociologie*, XXXVIII, 4, p. 759-789.
ERICSON A.K. *et al.* [1993], « The Role of Deliberate Practice in the Acquisition of Expert Performance », *Psychological Review*, 3, p. 363-406.
EURIAT M., THÉLOT C. [1995], « Le recrutement social de l'élite scolaire en France. Évolution des inégalités de 1950 à 1990 », *Revue française de sociologie*, XXXVI, 3, p. 403-438.
FABRE CORNALI D., STEFANOU A. [1996], « L'expérimentation de la nouvelle sixième pendant l'année scolaire 1994-1995 », *Note d'information*, 21.
FERRAND M., IMBERT F., MARRY C. [1999], *L'Excellence scolaire : une affaire de famille. Le cas des normaliennes et normaliens scientifiques*, L'Harmattan.
FORGEOT G., GAUTIÉ J. [1997], « Insertion professionnelle des jeunes et processus de déclassement », *Économie et Statistique*, 304-305, p. 53-74.
FORQUIN J.-C. [1982], « La sociologie des inégalités d'éducation : principales orientations, principaux résultats depuis 1965 », *Revue française de pédagogie*, 48, p. 90-100.
FRIJHOFF W, JULIA D. [1975], *École et société dans la France de l'Ancien Régime*.
FURET F., OZOUF J., [1977], *Lire et écrire*, Minuit.

GALLAND O., OBERTI M. [1996], *Les Étudiants*, La Découverte.

GIRARD A., BASTIDE H., [1970], « La stratification sociale et la démocratisation de l'enseignement », *in* INED, *« Population » et l'enseignement*, PUF, p. 91-128.

GOBLOT E. [1925], *La Barrière et le niveau. Étude sociologique sur la bourgeoisie française moderne*, PUF, éd. 1967.

GONTARD M. [1959], *L'Enseignement primaire en France (1789-1833)*, Les Belles Lettres.

GOUX D., MAURIN E. [1995], « Origine sociale et destinée scolaire », *Revue française de sociologie*, XXXVI, 1, p. 81-121.

GOUX D., MAURIN E. [1997], « Démocratisation de l'école et persistance des inégalités », *Économie et Statistique*, 306, p. 27-39.

GRÉARD O., « La Chalotais », *in* BUISSON F. [1887].

GRISAY A. [1997], « Évolution des acquis cognitifs et socio-affectifs des élèves au cours des années de collège », *Les Dossiers Éducation et Formations*, 88.

GUILLAUME F.-R. [1998], « Travailler en ZEP », *Note d'information*, 16.

HERLICH N. [1998], *Les Nouveaux Étudiants*, Armand Colin.

HUBERT R. [1949], *Histoire de la pédagogie*, PUF.

INSEE [1966], *Annuaire statistique de la France. Annuaire rétrospectif.*

INSEE [2000], *France, portrait social.*

ISAMBERT-JAMATI V. [1970], *Crises de la société, crise de l'enseignement*, PUF.

ISAMBERT-JAMATI V. [1995], *Les Savoirs scolaires. Enjeux des contenus d'enseignement et de leurs réformes*, L'Harmattan.

ISAMBERT-JAMATI V., GROSPIRON M.-F. [1990], « Types de pédagogie du français et différenciation sociale des résultats », *in* ISAMBERT-JAMATI V. [1995].

JAROUSSE J.-P., LABOPIN M.A. [1999], « Le calendrier des inégalités d'accès à la filière scientifique » *Orientation scolaire et universitaire*, 28, 3, p. 475-496.

JAROUSSE J.-P., MICHAUT C. [2001], « Variété des modes d'organisation des premiers cycles et réussite universitaire », *Revue française de pédagogie*, 136, p. 41-51.

JULIA D. (dir.) [1987], *Atlas de la Révolution française*, EHESS.

LAHIRE B. [1995], *Tableaux de famille. Heurs et malheurs scolaires en milieux populaires*, Hautes Études, Gallimard, Le Seuil.

LAURENS J.-P. [1992], *1 sur 500. La réussite scolaire en milieu populaire*, Toulouse, Presses universitaires du Mirail.

LE BART C., MERLE P. [1997], *La Citoyenneté étudiante*, PUF.

LEBRUN F., VENARD M., QUÉNIART J. [1981], *Histoire générale de l'enseignement et de l'éducation*, tome 2, Nouvelle Librairie de France.

LEGENDRE N. [1999], « Les conditions de vie des pauvres », *Données sociales*, INSEE.

LÉGER A. [1983], *Enseignants du secondaire*, PUF.

LELIÈVRE C. [1990], *Histoire des institutions scolaires*, Nathan.

LELIÈVRE F., LELIÈVRE C. [1991], *Histoire de la scolarisation des filles*, Nathan.

LES COMPAGNONS [1918], *L'Université nouvelle. Les Principes*, tome 1, Fischbacher.

LOLLIVIER S. [2000], « Inégalités de revenus et de patrimoine en France : quels indicateurs ? Quels constats ? » *in Mesurer les inégalités*, ministère de l'Emploi et de la Solidarité, collection MIRE, 2000, p. 21-30.

MAGGIOLO L. [1880], *Statistique rétrospective. Statistique comparée de l'enseignement primaire*, ministère de l'Instruction publique, tome 2, Imprimerie nationale.

MARTINOT D., MONTEIL J.-M. [1996], « Insertions scolaires et représentations de soi », *in* BEAUVOIS *et al.*, *Perspectives cognitives et conduites sociales*, Lausanne, Delachaux et Niestlé, p. 49-65.

MAYEUR F. [1981], *Histoire générale de l'enseignement et de l'éducation*, tome 3, Nouvelle Librairie de France.

MEN [2001], *Repères et références statistiques*.

MEN-DEP [1996], « L'expérimentation de la nouvelle sixième », *Les dossiers Éducation et Formations*, 63.

MEN-DEP [1998], « Les zones d'éducation prioritaire en 1997-1998 », *Note d'information*, 15.

MEN-DEP [1996, 1998, 2001], *L'État de l'école*.

MEN-DEP [1999], *Géographie de l'école*.

MERLE P. [1996a], « Les principales transformations sociodémographiques des filières de l'enseignement supérieur de 1985 à 1995 », *Population*, 6, p. 1181-1210.

MERLE P. [1996b], *L'Évaluation des élèves. Enquête sur le jugement professoral*, PUF.

MERLE P. [1997], « Le rapport des étudiants à leurs études », *L'orientation scolaire et professionnelle*, 26, 3, p. 367-387.

MERLE P. [1998a], « L'efficacité de l'enseignement », *Revue française de sociologie*, XXXIX, 3, p. 565-589.

MERLE P. [1998b], *Sociologie de l'évaluation scolaire*, PUF.

MERLE P. [1999a], « Les indicateurs de pilotage des établissements en France », *La Revue Tocqueville*, 2, vol. XX, p. 45-70.

MERLE P. [1999b], « L'intelligence : éléments de sociologie d'une catégorie de pensée du sens commun », *La Nouvelle Revue de l'AIS*, n° 6, p. 53-70.

MERLE P. [2000], « Le concept de démocratisation d'une institution scolaire : une typologie et sa mise à l'épreuve », *Population*, n° 1, p. 15-50.

MERLE P. [2001], « Les droits des élèves. Droits formels et quotidien scolaire des élèves dans l'institution éducative », *Revue française de sociologie*, 42, 1, 2001, p. 81-115.

MERLE P. [2002a], « L'humiliation des élèves dans l'institution scolaire : contribution à une sociologie des relations maître-élèves », *Revue française de pédagogie*, n° 139, p. 31-51.

MERLE P. [2002b], « Démocratisation ou accroissement des inégalités ? » *Population* (à paraître).

MERLE P., MEAR P. [1992], « 1986-1990 : démocratisation et/ou hiérarchisation sociale croissante des publics lycéens ? » *Sociétés contemporaines*, 11, p. 31-52.

MERLLIÉ D. [1975], « Psychologie et mobilité sociale », *Actes de la recherche en sciences sociales*, 3, 1975, p. 87-97.

MERLLIÉ D. [1985], « Analyse de l'interaction entre variables. Problème statistique ou sociologique ? » *Revue française de sociologie*, XXVI, 4, p. 629-652.

MERON M., MINNI C. [1995], « Des études à l'emploi : plus tard et plus difficilement qu'il y a vingt ans », *Économie et Statistique*, 3-4, p. 9-31.

MEURET D. [1994], « L'efficacité de la politique des zones d'éducation prioritaire dans les collèges », *Revue française de pédagogie*, 109, p. 41-64.

MINGAT A. [1991], « Expliquer la variété des acquisitions au cours préparatoire : les rôles de l'enfant, la famille et l'école », *Revue française de pédagogie*, 95, p. 47-63.

MOISAN C., SIMON J. [1997], *Les Déterminants de la réussite scolaire en zone d'éducation prioritaire*, INRP.

NIQUE C. [1990], *Comment l'école devient une affaire d'État (1815-1840)*, Nathan.

NOIZET G., CAVERNI J.-P. [1978], *Psychologie de l'évaluation scolaire*, PUF.

OCDE [1993, 2000], *Regards sur l'éducation*.

ŒUVRARD F. [1979], « Démocratisation ou élimination différée ? » *Actes de la recherche en sciences sociales*, 30, p. 87-97.

PAYET J.-P. [1995], *Collèges de banlieue. Ethnographie d'un monde scolaire*, Méridiens Klincksieck.

PIKETTY T. [2001], *Les Hauts Revenus en France au XXe siècle*, Grasset.

PINÇON M., PINÇON-CHARLOT M. [1995], *Grandes fortunes. Dynasties familiales et formes de richesse en France*, Payot.

PINÇON M., PINÇON-CHARLOT M. [2000], *Sociologie de la bourgeoisie*, La Découverte.

PLATON [1995], *République*, Librairie générale française.

PROST A. [1968], *Histoire de l'enseignement*, 1800-1967, Armand Colin.

PROST A. [1981], *Histoire générale de l'enseignement et de l'éducation*, tome 4, Nouvelle Librairie de France.

PROST A. [1986], *L'Enseignement s'est-il démocratisé ?* PUF.

ROBERT A. [1993], *Système éducatif et réforme*, Nathan.

ROBERT A. [1995], *Le Syndicalisme des enseignants*, La Documentation française.

ROBIQUET P., [1893], *Discours et opinions de J. Ferry*, Armand Colin.

ROCHEX J.-Y. [1995], *Le Sens de l'expérience scolaire*, PUF.

ROSENTHAL R. A., JACOBSON L. F. [1968], *Pygmalion in the Classroom. Teachers Expectations and Pupil Intellectual Development*, New York, Holt, Rinehart and Winston, 1968. *Trad. fr. : Pygmalion à l'école*, Paris, Casterman, 1972.

ROULIN-LEFEBVRE V., ESQUIEU P. [1992], « L'origine sociale des étudiants (1960-1990) », *Note d'information*, 39.

SHAVIT Y., BLOSSFELD H.-P. (dir.) [1993], *Persistent Inequality. Changing Educational Attainment in Thirteen Countries*, Boulder, Westview Press.

SONNET M. [1987], *L'Éducation des filles au temps des lumières*, Éd. du Cerf.

TERRAIL J.-P. [1990], *Destins ouvriers*, PUF.

THÉLOT C., VALLET L.-A. [2000], « La réduction des inégalités sociales devant l'école depuis le début du siècle », *Économie et Statistique*, 334, 4, p. 3-32.

TOCQUEVILLE A. [1840], *De la démocratie en Amérique*, Gallimard (éd. 1961).

TRANCART D. [1999], « L'évolution des disparités entre collèges publics », *Éducation et Formations*, 54, p. 89-95.

VALLET L.-A. [1988], « L'évolution de l'inégalité des chances devant l'enseignement », *Revue française de sociologie*, XXIX, 3, p. 395-423.

VALLET L.-A. [1999], « Quarante années de mobilité sociale en France », *Revue française de sociologie*, XL, 1, p. 5-65.

VALLET L.-A., CAILLE J.-P. [2000], « La scolarité des enfants d'immigrés », *in* VAN ZANTEN A. (dir) [2000].

VAN ZANTEN A. (dir) [2000], *L'École, l'état des savoirs*, La Découverte.

VAN ZANTEN A. [2001], *L'École de la périphérie*, PUF.

WEBER M. [1922], *Économie et Société*, Plon (éd. 1995).

Table

Collection

R E P È R E S

dirigée par
JEAN-PAUL PIRIOU

avec BERNARD COLASSE, PASCAL COMBEMALE, FRANÇOISE DREYFUS, HERVÉ HAMON, DOMINIQUE MERLLIÉ *et* CHRISTOPHE PROCHASSON

Économie de la drogue (L'), n° 213, Pierre Kopp.
Économie de la presse, n° 283, Patrick Le Floch et Nathalie Sonnac.
Économie de la réglementation (L'), n° 238, François Lévêque.
Économie de la RFA (L'), n° 77, Magali Demotes-Mainard.
Économie des États-Unis (L'), n° 341, Hélène Baudchon et Monique Fouet.
Économie des inégalités (L'), n° 216, Thomas Piketty.
Économie des organisations (L'), n° 86, Claude Menard.
Économie des relations interentreprises (L'), n° 165, Bernard Baudry.
Économie des réseaux, n° 293, Nicolas Curien.
Économie des ressources humaines, n° 271, François Stankiewicz.
Économie des services (L'), n° 113, Jean Gadrey.
Économie du droit, n° 261, Thierry Kirat.
Économie du Japon (L'), n° 235, Évelyne Dourille-Feer.
Économie du sport (L'), n° 309, Jean-François Bourg et Jean-Jacques Gouguet.
Économie et écologie, n° 158, Frank-Dominique Vivien.
Économie informelle dans le tiers monde (L'), n° 155, Bruno Lautier.
Économie mondiale 2003 (L'), n° 348, CEPII.
Économie mondiale des matières premières (L'), n° 76, Pierre-Noël Giraud.
Économie politique du capitalisme, n° 349, Gérard Duménil et Dominique Lévy.
Économie sociale (L'), n° 148, Claude Vienney.
Emploi en France (L'), n° 68, Dominique Gambier et Michel Vernières.
Employés (Les), n° 142, Alain Chenu.
Ergonomie (L'), n° 43, Maurice de Montmollin.
Éthique dans les entreprises (L'), n° 263, Samuel Mercier.
Éthique économique et sociale, n° 300, Christian Arnsperger et Philippe Van Parijs.
Étudiants (Les), n° 195, Olivier Galland et Marco Oberti.
Europe sociale (L'), n° 147, Daniel Lenoir.
Évaluation des politiques publiques (L'), n° 329, Bernard Perret.
FMI (Le), n° 133, Patrick Lenain.
Fonction publique (La), n° 189, Luc Rouban.
Formation professionnelle continue (La), n° 28, Claude Dubar.
France face à la mondialisation (La), n° 248, Anton Brender.
Front populaire (Le), n° 342, Frédéric Monier.
Grandes économies européennes (Les), n° 256, Jacques Mazier.
Guerre froide (La), n° 351, Stanislas Jeannesson.
Histoire de l'administration, n° 177, Yves Thomas.
Histoire de l'Algérie coloniale, 1830-1954, n° 102, Benjamin Stora.
Histoire de l'Algérie depuis l'indépendance,
1. 1962-1988, n° 316, Benjamin Stora.
Histoire de l'Europe monétaire, n° 250, Jean-Pierre Patat.
Histoire du féminisme, n° 338, Michèle Riot-Sarcey.
Histoire de l'immigration, n° 327, Marie-Claude Blanc-Chaléard.
Histoire de l'URSS, n° 150, Sabine Dullin.
Histoire de la guerre d'Algérie, 1954-1962, n° 115, Benjamin Stora.
Histoire de la philosophie, n° 95, Christian Ruby.
Histoire de la société de l'information, n° 312, Armand Mattelart.
Histoire de la sociologie :
1. Avant 1918, n° 109,
2. Depuis 1918, n° 110,
Charles-Henri Cuin et François Gresle.
Histoire des États-Unis depuis 1945 (L'), n° 104, Jacques Portes.
Histoire des idées politiques en France au XIXe siècle, n° 243, Jérôme Grondeux.
Histoire des idées socialistes, n° 223, Noëlline Castagnez.
Histoire des théories de l'argumentation, n° 292, Philippe Breton et Gilles Gauthier.
Histoire des théories de la communication, n° 174, Armand et Michèle Mattelart.
Histoire du Maroc depuis l'indépendance, n° 346, Pierre Vermeren.
Histoire du Parti communiste français, n° 269, Yves Santamaria.
Histoire du parti socialiste, n° 222, Jacques Kergoat.
Histoire du radicalisme, n° 139, Gérard Baal.
Histoire du travail des femmes, n° 284, Françoise Battagliola.
Histoire politique de la IIIe République, n° 272, Gilles Candar.
Histoire politique de la IVe République, n° 299, Éric Duhamel.
Histoire sociale du cinéma français, n° 305, Yann Darré.
Indice des prix (L'), n° 9, Jean-Paul Piriou.

Industrie française (L'),
n° 85, Michel Husson et Norbert Holcblat.
Inflation et désinflation,
n° 48, Pierre Bezbakh.
Insécurité en France (L'), n° 353, Philippe Robert.
Introduction à Keynes,
n° 258, Pascal Combemale.
Introduction à l'économie de Marx, n° 114, Pierre Salama et Tran Hai Hac.
Introduction à l'histoire de la France au XXe siècle, n° 285, Christophe Prochasson.
Introduction à la comptabilité d'entreprise, n° 191, Michel Capron et Michèle Lacombe-Saboly.
Introduction à la macroéconomie, n° 344, Anne Épaulard et Aude Pommeret.
Introduction à la microéconomie, n° 106, Gilles Rotillon.
Introduction à la philosophie politique,
n° 197, Christian Ruby.
Introduction au droit,
n° 156, Michèle Bonnechère.
Introduction aux sciences de la communication,
n° 245, Daniel Bougnoux.
Introduction aux théories économiques,
n° 262, Françoise Dubœuf.
Islam (L'), n° 82, Anne-Marie Delcambre.
Jeunes (Les), n° 27, Olivier Galland.
Judaïsme (Le), n° 203, Régine Azria.
Justice en France (La),
n° 116, Dominique Vernier.
Lexique de sciences économiques et sociales, n° 202, Jean-Paul Piriou.
Libéralisme de Hayek (Le),
n° 310, Gilles Dostaler.
Macroéconomie. Investissement (L'),
n° 278, Patrick Villieu.
Macroéconomie. Consommation et épargne, n° 215, Patrick Villieu.
Macroéconomie financière :
1. **Finance, croissance et cycles**, n° 307,
2. **Crises financières et régulation monétaire**, n° 308, Michel Aglietta.
Management de la qualité (Le),
n° 315, Michel Weill.
Management international (Le), n° 237, Isabelle Huault.
Marchés du travail en Europe (Les),
n° 291, IRES.
Mathématiques des modèles dynamiques,
n° 325, Sophie Jallais.
Méthode en sociologie (La),
n° 194, Jean-Claude Combessie.
Méthodes de l'intervention psychosociologique (Les), n° 347, Gérard Mendel et Jean-Luc Prades.
Méthodes en sociologie (Les) : l'observation, n° 234, Henri Peretz.
Méthodologie de l'investissement dans l'entreprise, n° 123, Daniel Fixari.
Métiers de l'hôpital (Les),
n° 218, Christian Chevandier.
Mobilité sociale (La), n° 99,
Dominique Merllié et Jean Prévot.
Modèle japonais de gestion (Le), n° 121, Annick Bourguignon.
Modèles productifs (Les),
n° 298, Robert Boyer et Michel Freyssenet.
Modernisation des entreprises (La), n° 152, Danièle Linhart.
Mondialisation de la culture (La), n° 260, Jean-Pierre Warnier.
Mondialisation de l'économie (La) :
1. Genèse, n° 198,
2. Problèmes, n° 199, Jacques Adda.
Mondialisation et l'emploi (La), n° 343, Jean-Marie Cardebat.
Monnaie et ses mécanismes (La), n° 295, Dominique Plihon.
Multinationales globales (Les),
n° 187, Wladimir Andreff.
Notion de culture dans les sciences sociales (La), n° 205, Denys Cuche.
Nouvelle économie (La), n° 303, Patrick Artus.
Nouvelle économie chinoise (La), n° 144, Françoise Lemoine.
Nouvelle histoire économique de la France contemporaine :
1. L'économie préindustrielle (1750-1840), n° 125, Jean-Pierre Daviet.
2. L'industrialisation (1830-1914),
n° 78, Patrick Verley.
3. L'économie libérale à l'épreuve (1914-1948), n° 232, Alain Leménorel.
4. L'économie ouverte (1948-1990),
n° 79, André Gueslin.
Nouvelle microéconomie (La),
n° 126, Pierre Cahuc.
Nouvelle théorie du commerce international (La), n° 211, Michel Rainelli.
Nouvelles théories de la croissance (Les),
n° 161, Dominique Guellec et Pierre Ralle.
Nouvelles théories du marché du travail (Les), n° 107, Anne Perrot.
ONU (L'), n° 145, Maurice Bertrand.
Organisation mondiale du commerce (L'),
n° 193, Michel Rainelli.
Outils de la décision stratégique (Les) :
1 : Avant 1980, n° 162,
2 : Depuis 1980, n° 163, José Allouche et Géraldine Schmidt.
Personnes âgées (Les),
n° 224, Pascal Pochet.
Philosophie de Marx (La),
n° 124, Étienne Balibar.
Pierre Mendès France,
n° 157, Jean-Louis Rizzo.

Syndicalisme enseignant (Le), n° 212, Bertrand Geay.
Système éducatif (Le), n° 131, Maria Vasconcellos.
Système monétaire international (Le), n° 97, Michel Lelart.
Taux de change (Les), n° 103, Dominique Plihon.
Taux d'intérêt (Les), n° 251, A. Benassy-Quéré, L. Boone et V. Coudert.
Taxe Tobin (La), n° 337, Yves Jegourel.
Tests d'intelligence (Les), n° 229, Michel Huteau et Jacques Lautrey.
Théorie de la décision (La), n° 120, Robert Kast.
Théories économiques du développement (Les), n° 108, Elsa Assidon.
Théorie économique néoclassique (La) :
1. **Microéconomie**, n° 275,
2. **Macroéconomie**, n° 276,

Bernard Guerrien.
Théories de la monnaie (Les), n° 226, Anne Lavigne et Jean-Paul Pollin.
Théories des crises économiques (Les), n° 56, Bernard Rosier.
Théories du salaire (Les), n° 138, Bénédicte Reynaud.
Théories sociologiques de la famille (Les), n° 236, Catherine Cicchelli-Pugeault et Vincenzo Cicchelli.
Tiers monde (Le), n° 53, Henri Rouillé d'Orfeuil.
Travail des enfants dans le monde (Le), n° 265, Bénédicte Manier.
Travail et emploi des femmes, n° 287, Margaret Maruani.
Travailleurs sociaux (Les), n° 23, Jacques Ion et Bertrand Ravon.
Union européenne (L'), n° 170, Jacques Léonard et Christian Hen.

Dictionnaires

R E P È R E S

Dictionnaire de gestion, Élie Cohen.
Dictionnaire d'analyse économique, *microéconomie, macroéconomie, théorie des jeux, etc.*, Bernard Guerrien.

Guides

R E P È R E S

L'art de la thèse, *Comment préparer et rédiger une thèse de doctorat, un mémoire de DEA ou de maîtrise ou tout autre travail universitaire*, Michel Beaud.
Les ficelles du métier. *Comment conduire sa recherche en sciences sociales*, Howard S. Becker.
Guide des méthodes de l'archéologie, Jean-Paul Demoule, François Giligny, Anne Lehoërff, Alain Schnapp.
Guide du stage en entreprise, Michel Villette.
Guide de l'enquête de terrain, Stéphane Beaud, Florence Weber.
Manuel de journalisme. *Écrire pour le journal*, Yves Agnès.
Voir, comprendre, analyser les images, Laurent Gervereau.

Manuels

R E P È R E S

Analyse macroéconomique 1.
Analyse macroéconomique 2.
17 auteurs sous la direction de Jean-Olivier Hairault.
Une histoire de la comptabilité nationale, André Vanoli.

Composition Facompo, Lisieux (Calvados)
Achevé d'imprimer en août 2002 sur les presses
de l'imprimerie Campin, Tournai (Belgique)
Dépôt légal : août 2002